UN INMUEBLE AL AÑO NO HACE DAÑO

CARLOS DEVIS

# DEDICATORIA

A Diana...

Mi amor, eres la musa que me inspira para expresar lo mejor de mí. Gracias, porque le tienes paciencia a mis demonios y a mis fantasmas, porque me empujas a la aventura y no dejas que me duerma en hábitos que me empequeñecen.

A ti, mi amor, que alegras mis días con tus risas y cuidas de mí, más de lo que yo lo hago.

COPYRIGHT / DERECHOS DE AUTOR
[UN INMUEBLE AL AÑO NO HACE DAÑO]
COPYRIGHT © 2021 POR CARLOS DEVIS

ÍNDICE DE CONTENIDOS

Introducción: Si yo lo he hecho, tú también puedes lograrlo...

Primera parte: Aprovecha tu gran oportunidad

Segunda parte: Gestiona tus finanzas personales

Quinta parte: Haz que tus propiedades trabajen para ti

Sexta parte: Conclusión

# INTRODUCCIÓN

SI YO LO HE HECHO, TÚ TAMBIÉN PUEDES LOGRARLO...

«El que no llora ¡no mama!».

Nunca pensé que iba a llegar a viejo tan rápido. Un día me miré al espejo y me vi con 20 años. Mi cabello era de color marrón oscuro, estaba vigoroso y brillante, y mi piel era tersa y suave. Cerré los ojos un instante, un instante, te lo juro, y cuando los abrí, tenía 60 años, mi pelo era blanco, escaso, mi piel estaba seca, tenía pliegues en la frente que recordaban a los caminos viejos, con sus subidas, bajadas y caídas. Todo ello fruto de los avatares de la vida, que seguro habían dejado más marca en mi alma y mi rostro que en mis recuerdos.

Fue como si me hubiera quedado dormido 40 años. Mi pasado era como un sueño del que apenas recordaba fragmentos. Me di cuenta de que había vivido una vida increíble. Una vida en la que había reído y llorado, amado y odiado. En la que fui un genio y un estúpido, generoso y mezquino, todo con la misma intensidad.

Recordé que a lo largo de mi vida trabajé muy duro, le di lo mejor a mi familia, escribí libros, creé empresas y también las quebré. Gané muchísimo dinero y lo perdí. Y volví a salir adelante de nuevo, renaciendo de mis cenizas, siempre con el objetivo de ayudar a mi familia y a mis seres queridos.

Me di cuenta, mientras reflexionaba sobre ello, que siempre había operado pensando en los demás, nunca en mí mismo. Mi pensamiento era siempre el mismo: «Dales lo que necesitan, luego tú te las arreglas con cualquier cosa». Fui responsable con todos, excepto conmigo.

Dado que toda la vida me las había arreglado para salir de las peores situaciones posibles asumí que siempre sería así. Que siempre me levantaría de nuevo. Pensaba que, aunque pasaran los años, siempre tendría energía para trabajar diez o doce horas al día, que mi mente estaría siempre operando a mil por hora y con la creatividad que siempre me había acompañado. Pensaba que yo seguiría siendo el joven dinámico y apuesto y que nunca me convertiría en una persona mayor, apagada y refunfuñona, alguien con quien ya no sería tan agradable trabajar. Qué importaba que yo me sintiera dinámico, lleno de vida y de proyectos.

La realidad me despertó de golpe esa mañana en mi casa de Tavares, en Florida, donde mi esposa Diana y yo vivíamos con nuestros dos hijos. Todavía estaba en la cama cuando me llegó un mensaje de texto a mi celular en el cual el banco me informaba: «Crédito denegado» sobre el asunto de la hipoteca que había pedido para comprar una casa. No podía creer que esto sucediera. Estaba tan seguro de que me la darían que ya había firmado el contrato de compra-venta hacía seis semanas.

Por aquél entonces yo vivía de la consultoría y ganaba como cualquier persona de clase media. En mi opinión, lo suficiente como para que el banco me diera la hipoteca que necesitaba. De hecho, en la primera entrevista con el banco, sus responsables me habían dicho que lo veían todo bien y que sin duda alguna calificaba como apto para la hipoteca que les pedía. Fue por ello que en casa lo celebramos con alegría, empacamos todos los muebles y nos preparamos para el trasteo, avisamos en el colegio de los hijos e incluso, enviamos una carta al dueño de la casa en la que vivíamos para decirle que nos íbamos y debíamos terminar el contrato.

Y ahí estaba yo, todavía en la cama, pensando en cómo le diría a mi esposa y a mis hijos que no me habían aprobado el crédito. Cómo les iba a matar, con una sola frase, el entusiasmo y la alegría que tenían. Diana le había contado feliz a su familia y a nuestros amigos las noticias de la nueva casa. Nuestros hijos se habían despedido con fiestas de sus compañeros y estaban listos para mudarse.

Cuando le conté la noticia a la familia, no obstante, se lo tomaron con muy buena actitud. Lo más difícil, en realidad, fueron mis propios pensamientos y emociones. Sentí rabia conmigo mismo, miedo, confusión, me pregunté cómo podía ser que, con el dineral que había pasado por mis manos, habiendo trabajado como un loco toda una vida, ahora no pudiera solucionar este problema a mi familia. ¿Cómo podía ser? Me encontraba a mis 60 años sin pensión, sin activos, con apenas 20.000 dólares ahorrados y sin crédito para comprar una casa.

En realidad, yo no quería abandonar ese lugar, era hermoso. Vivíamos a la orilla de un lago enorme, frente a un árbol de magnolia inmenso, con cedros centenarios al borde del lago, un paisaje repleto de garzas y de pájaros de todos los tamaños y colores que nos hacían sentir en el cielo cada mañana. Sin embargo, tenía que hacer algo y no sabía qué. Llamé a mi amigo Luis Eduardo Barón y le conté mi problema. Tras escucharme, me dijo lo siguiente:

—Carlos, tú sabes de bienes raíces, has tomado cursos, leído muchos libros, hecho buenos negocios, aplícalo para ti ahora.

Yo escuché su consejo con gratitud, sabía que tenía razón, pero dentro de mí reinaba la desesperanza, no sabía por dónde empezar. Por suerte, logré que el dueño de la casa en la que vivíamos nos extendiera el contrato mes a mes. Él sabía que éramos buenos inquilinos, por lo que no tenía interés en que nos fuéramos.

Pasaron así varios meses y no hice nada, absolutamente nada. Estaba paralizado en la negación, en el miedo, en la más absoluta desazón. Un día, sentado en jardín de mi casa, miré la casa vecina, que llevaba un par de años vacía.

Yo había oído que la dueña estaba en proceso de remate, que estaba perdiendo la casa, pero yo no la conocía. Vi a una mujer de unos 50 años entrando a la casa, me acerqué y le pregunté si era la dueña. Me respondió que sí. Entonces le pregunté si vendía la casa y me dijo que sí, siempre y cuando recibiera una buena oferta. Yo le pregunté qué entendía por una buena oferta y me contestó: «230.000 dólares».

Yo hice mis cálculos y pensé que la casa necesitaba unos 20.000 dólares en reformas y que, una vez arreglada, por su tamaño y ubicación podría venderse por 340.000 dólares. Tras ello le propuse lo siguiente: pagar de mi bolsillo los retrasos de la propiedad con el banco y darle 10.000 dólares en efectivo en aquel momento (que era justo la mitad de la cantidad que tenía ahorrada) y esperar un año hasta pagarle la cuota inicial.

Cuando le hice la propuesta sabía que ese negocio demandaría mucho dinero, mucho para mí porque no lo tenía, y que difícilmente podría cumplir con el compromiso. Necesitaría como mínimo 20.000 dólares para el banco, 10.000 dólares más para que la casa fuera mínimamente habitable y otros 30.000 ó 40.000 dólares para la propietaria, según el precio al que finalmente acordáramos la venta. Serían en total unos 60.000 ó 70.000 dólares que tendría que pagar al cabo de un año y, en ese momento, no veía cómo.

Según el trato, ella me haría la escritura y yo seguiría pagando la hipoteca a su nombre. Para ella era un riesgo altísimo, pero su crédito estaba por los suelos y si no hacía nada el banco iba a rematarle la casa. Si yo cumplía con mi parte y pagaba las cuotas, ella recibiría mi cuota inicial de 30.000 ó 40.000 dólares y podría salir adelante sin que su historial de crédito se viera afectado. Si yo no cumplía mi parte, el banco me remataría la casa y ella, como mínimo, se quedaría con la cuota inicial.

Mientras tanto yo podía mejorar mis balances con el banco, pues tenía 12 meses para prepararme o bien, para buscar otro banco. El plan B sería pedirle a ella que me extendiera por 12 meses más el pago de la hipoteca al banco y a cambio darle algo adicional. En el plan C, yo podía vender la casa y ganarme al menos 70.000 dólares.

Todo esto lo pensé en los 20 minutos que estuve conversando con ella. De todas formas, la señora no aceptó mi propuesta. Durante los siguientes días la llamé varias veces y no me contestó.

Semanas después vi a un hombre alto y rubio caminando alrededor de la casa. Me sentí paralizado ¡La dueña había vendido la casa y yo no había hecho nada para evitarlo! ¡Había perdido mi última oportunidad y no me quedaría otra que abandonar mi casa al lado del lago! Me acerqué al hombre que estaba en el jardín y con mi inglés bien cargado de acento, pues lo aprendí de viejo, le hablé:

—Hola, ¿ha comprado usted la casa?

—Sí, pero está en muy mal estado —me respondió, como decepcionado.

—¿Es usted un inversionista? —le pregunté, evitando que mi inseguridad fuera evidente.

—Sí.

—¿Cuánto pagó por la casa? —Mi idea era preguntar aunque no me contestara y, si se enfadaba, echarle la culpa a mi inglés.

—170.000 dólares —me respondió.

—Y tal y como está, ¿por cuánto la vendería? —le pregunté, pensando que me saldría mejor hacer yo los arreglos a mi ritmo y pensando también en proponerle un negocio fácil para él, en el cual ganara sin hacerle nada a la casa y vendiéndola de inmediato.

—Por 220.000 dólares —dijo, tras pensarlo un par de segundos.

—Le ofrezco 190.000 dólares —le dije muerto de miedo y tratando de mostrarme sereno.

—200.000 —me respondió.

Yo salté de felicidad dentro de mí. Bailé, canté, grité... mientras mantenía mi expresión fría de hombre de negocios. No le dije ni que sí ni que no. Ahora venía la parte más importante: convencerlo de que me vendiera la propiedad sin tener yo los fondos para pagarla.

Y le hice la pregunta que le hago a todos los vendedores o agentes, siempre y aunque no lo necesite:

—¿Consideraría usted financiarme la compra durante un año?

Yo ya había hecho el ejercicio en mi cabeza con la dueña anterior: si no lograba el crédito en un año podría vender la propiedad y ganar al menos 100.000 dólares. Pero yo no quería eso, sólo quería esa casa para vivir, pues amaba ese sitio.

Me miró unos segundos y me respondió:

—Eso depende de la propuesta.

Yo tenía 20.000 dólares ahorrados, pero no podía dárselos en su totalidad porque me quedaba sin dinero para los arreglos. Pensé que debería ofrecerle al menos el 10% del importe total, es decir, 20.000 dólares, y le dije que la casa necesitaba 50.000 dólares de arreglos, de los cuales me ocuparía yo. Le propuse darle 10.000 dólares de entrada y firmar una hipoteca de primer grado por 190.000 dólares con un 8% de interés al año, con pagos mensuales y con abono sólo a intereses. Asimismo, le dije que tenía muy buen historial de crédito, lo cual era cierto, sólo que no podía demostrar mis ingresos.

Le comenté también que vivía en la casa de al lado desde hacía 3 años y que si preguntaba a la agencia por mí le darían muy buenas referencias. Sabía que tenía apenas un minuto para venderme y darle todos los argumentos que necesitaba para convencerle de aceptar el trato.

El hombre miró la casa, me miró de nuevo, y me extendió la mano dándome su tarjeta de visita y diciéndome que se lo dejara pensar durante un par de días. Yo me quedé feliz, pero no le dije nada a mi esposa, porque sabía que ella pensaba que la casa de al lado era oscura y olía muy mal. Yo sabía, no obstante, que eso se debía a que había estado sin aire acondicionado durante muchos meses y que con el ambiente húmedo de la zona el mal olor era normal. Respecto a la oscuridad, esto se solucionaba tirando un par de tabiques.

En estos momentos recordaba la frase de uno de mis mentores en bienes raíces: «Compra la casa más fea del mejor vecindario». Mi esposa no quería la casa más fea, pero yo lo que veía era el potencial, así que me quedé callado esperando a que el vendedor me respondiera para contarle a Diana.

Al día siguiente el hombre envió a uno de sus asistentes a hablar conmigo. En realidad, quería saber si podía confiar en mí, me estaba midiendo. Así que le mostré un reporte de crédito de hacía un par de meses, cuando traté de comprar la casa de Sarasota. Le mostré los cheques de los últimos doce meses en los que se demostraba que cada mes había pagado antes del día convenido. En aquel momento yo pagaba 1.700 dólares mensuales de arriendo.

Yo calculaba que, si me quedaba una deuda de 190.000 dólares al 8% anual, los intereses serían 15.200 dólares. Si lo dividía en 12, serían pagos mensuales de 1.266 dólares y cuando le sumara seguros e impuestos, estaría casi en los 1.700 que yo pagaba. Le mostré también mi cuenta bancaria para que viera que tenía el dinero para el pago inicial.

Le pregunté al hombre por su familia, sus pasatiempos y le presenté a mi esposa, quien esa mañana se había enterado y estaba tranquila porque pensaba que no me aceptarían la oferta. 24 horas después me llamó y cerramos el negocio por 210.000 dólares y 10.000 dólares de cuota inicial.

Firmamos la escritura el 17 de junio del 2014. Cuando ordené un avalúo de la casa dos meses después valía 340.000 dólares. Con los 10.000 dólares y con crédito a un año de algunas tarjetas de crédito acomodé la casa para que nos pudiéramos mudar.

Mi esposa me quería matar, pero me salió la terquedad de mula que me pronosticó mi mamá y ahora ella y mis hijos me lo agradecen. A día de hoy, fines de 2019, la casa vale 400.000 dólares. Me tomó dos años lograr el crédito del banco y el vendedor me extendió el pago por 12 meses más.

Me preguntarás cómo se me ocurrió la estrategia. La aprendí de cursos y libros que había leído durante los anteriores 20 años. Con algunas de estas enseñanzas también compré una casa en Washington con arriendo y con opción de compra, y otra casa de 800.000 dólares con 1.000 dólares que guardaba en una caja de zapatos.

Tal vez pensarás que esto en tu país no funciona. En este caso debo decirte que yo he conseguido comprar con financiación del dueño no sólo en Estados Unidos, sino también en Colombia y en Italia. Decenas de mis estudiantes han aprendido y aplicado la misma estrategia. Niurka Meneses lo hizo en Suiza, sin tener crédito, ni hablar el idioma. Alfredo Miceli en Uruguay, donde compró una propiedad de 500.000 dólares con el arriendo que le pagaba la empresa en la que trabajaba, y que ahora, está vendiendo por lotes en más de 1.000.000 de dólares. Todas sus historias las puedes ver en mi canal de YouTube, o escucharlas en www.mipazfinanciera.com (Episodio #9 «Mi esposo no lo podía creer: en Suiza con 40% de descuento y sin crédito de los bancos». Episodio #31 «Cómo compré con el arriendo una casa de $500 mil dólares»).

Te sorprenderás, pero esta es una manera con la que muchas personas podrían comenzar.

Más adelante, a lo largo de este libro, conocerás más detalles de la estrategia. Lo que sé con certeza es que si no lo aprendes, y no te lo propones, nunca lo vas a conseguir.

Con esta operación en bienes raíces, recuperé mi seguridad y me conecté de nuevo con mi fuerza y optimismo; y eso es justamente lo que quiero para ti, a partir de este momento, que tienes este libro en tus manos.

Yo lo tenía todo, pero tenía que confiar en mí, tenía que actuar, dejar de darle vueltas a la cabeza, pues pensando no resolvería nada. **Las ideas no sirven para nada si no se implementan**. Toda mi vida había pensado en los demás, ahora era el momento de DECIDIR enfocarme en mi libertad financiera.

En este libro espero ayudarte a redescubrir, valorar y usar recursos que TÚ tienes, pero no sabes que tienes, los cuales te ayudarán a crear ingresos pasivos con inmuebles. Acompáñame hasta el final.

Por ahora, lo único que puedo decirte es….

¡Feliz vida financiera para ti y para los tuyos!

Carlos Devis

🏠 PRIMERA PARTE

APROVECHA TU GRAN OPORTUNIDAD

CAPÍTULO 1

¡TÚ TAMBIÉN PUEDES COMPRAR UN INMUEBLE AL AÑO!

«Si te lo propones, puede ser que no lo logres. Si no te lo propones... no hay ninguna posibilidad de que lo logres».

El pueblo más pequeño de Estados Unidos se llama Monowi, está en Nebraska y tiene 150 habitantes. Si te dijera que fueras a visitarlo una vez al año, tú tal vez sonreirías, me mirarías con sorpresa y responderías algo como «¿Y eso dónde queda? Uy, demasiado lejos, no tengo tiempo ni dinero para esto». Lo más probable, además, es que te olvidarías del nombre Monowi en unos pocos minutos y si años más tarde, alguien volviera a hablarte de este pueblo no recordarías que alguna vez te enteraste que se trataba del pueblo más pequeño de Estados Unidos.

Ahora bien, si te dijera que tu hijo, tu hija o un ser querido tiene un delicado problema de salud que sólo puede curarse con una transfusión de sangre, la cual debe realizarse en menos de ocho días y que el único donante posible vive en Monowi, Nebraska, tu mente pasaría de inmediato a preguntarse cómo llegar hasta allí lo más rápido posible. En minutos, y tras la sorpresa y la rabia inicial, te pondrías a pensar en cómo hacerlo, cómo llegar allá, cuánto costaría, qué recursos económicos necesitas y dónde encontrarlos, el tiempo, los requisitos legales, etc. Pensarías en quién podría ayudarte y en cómo podrías llegar lo más pronto posible y tener así mayores posibilidades de salvar a tu ser querido.

Es probable que leer esto te haya hecho recordar alguna situación parecida que hayas vivido en el pasado. Salir de una mala situación pasajera, de un problema de salud, sacar a tu familia adelante o cualquier otra dificultad que hayas solucionado a pesar de lo adversas que fueran las circunstancias. O, quizá, hayas recordado cuando alguien te dijo que nunca serías capaz de hacer tal cosa y tú, con tesón y con empeño, acabaste por aprender a hacerla.

Si nos paramos a pensar, todos tenemos este tipo de historias. Todos, en algún momento de nuestras vidas, hemos solucionado problemas que en primera instancia nos parecían imposibles de solucionar. Qué importa si para otros tus logros no significan mucho, tú sabes lo que superaste, lo difícil que fue para ti y el increíble compromiso que requirió poder lograrlo. Seguro que tuviste que dedicarle tiempo, tuviste que cambiar tu forma de pensar, tus prioridades, dejar de pensar en lo que piensen los demás y enfocarte en lo que para ti era importante.

Si se tratara de la comida de tus hijos, probablemente no dirías «voy a ver si consigo algo de comida para mis hijos». En su lugar dirías más bien «voy a conseguir comida para mis hijos». Lo dirías con la DETERMINACIÓN de quien está seguro de que lo va a conseguir, cueste lo que cueste. Es cuando piensas así que siempre vuelves a casa con comida, sin importar qué tan difícil haya sido la situación para ti.

Eso que lo cambia todo es TU determinación. Es decir, la seguridad y el convencimiento de que vas a conseguir aquello que te propones. Es lo que sucede cuando sabes que sólo hay una salida y actúas en consecuencia.

Cuando tomamos estas decisiones, son decisiones que nos cambian la vida. Decisiones que marcan un antes y un después. Nos abren mundos que ni habíamos soñado, nos sacan a relucir cualidades y aptitudes que ni sabíamos que teníamos, y superamos circunstancias que pensábamos que eran insalvables. Nos llenamos de fuerza, de creatividad, de flexibilidad, de seguridad.

Nos convertimos en seres persistentes y nos volcamos en aprender y en mejorar.

En Neurolingüística llaman a esto «un estado emocional». Tu DETERMINACIÓN conecta tu cerebro, tus emociones y tu cuerpo en una dirección: LA QUE TÚ DECIDES. Tony Robbins lo explica en detalle en su maravilloso libro **Despertando al gigante interior.**

Veamos cómo llevamos esto al tema de los inmuebles. En promedio, una persona compra una casa y media en toda su vida. Es lo que muchos llaman hogar y por lo cual pasan toda su vida trabajando. Desde niños nos repiten la importancia de que nos compremos una casa, de «tener un techo», de «tener en donde caerse muerto». Y a eso dedicamos buena parte de nuestra vida, hasta que llega el momento en que podemos decir: «ya tengo mi techito», tal y como nos han enseñado.

Asimismo, durante nuestra infancia hemos aprendido, gracias a la publicidad, a los medios de comunicación y a las personas que nos rodean, la importancia de tener un buen automóvil. Un buen auto, que sea seguro y, por tanto, que sea siempre nuevo. "¿Cómo vas a andar con esta chatarra?", nos dicen cuando nuestro auto cumple algunos años. Según un estudio publicado en un periódico económico colombiano, dos de cada diez personas cambian de automóvil cada año[1]. Y cuanto más rico es el país más personas hacen lo mismo.

Si lo habitual es cambiar de automóvil cada cinco o diez años, podemos calcular que a lo largo de nuestra vida compramos una media de cuatro, cinco o más autos. Ahora, ¿cuándo empezamos a pensar en conseguir el dinero para un nuevo coche?, ¿cuando el que tenemos anda ya viejito o empieza a fallar? El hecho es que

---

[1] Periódico Portafolio (2011). *2 de cada 10 personas cambian de carro a final de año.* Sección Finanzas, diciembre 29.

cuando creemos que ha llegado el momento, conseguimos el dinero necesario como sea y nos cambiamos el auto.

¿Y cuánto cuesta un automóvil? Pues lo mismo que la cuota inicial de un inmueble y, en algunos casos, lo que vale un inmueble o incluso más. Si te pregunto por qué no te compras una propiedad cada cinco años me responderás que por falta de dinero. En realidad, si te paras a pensarlo, resulta que si eres capaz de comprarte un coche cada cinco años también eres capaz de comprarte una propiedad.

Lo único que tienes que hacer es decidir hacerlo con la misma DETERMINACIÓN con la que decides cambiarte de auto. **No es una cuestión de recursos económicos, es una cuestión de voluntad.** De querer hacerlo. Te diré más, si en lugar de comprarte una propiedad cada cinco años quisieras comprártela cada año, también podrías. Y exactamente por la misma razón, aunque «tu loca de la casa» —tus pensamientos caóticos— te diga que es imposible.

De acuerdo, si tú piensas que es imposible para ti ir a Monowi, Nebraska, es imposible. Pero recuerda, es imposible hasta que la vida de un familiar tuyo está en juego. Y del mismo modo que llegado el caso te es posible ir hasta Monowi, en Nebraska, también es posible para ti comprarte una propiedad al año.

Sólo tienes que cambiar el por qué quieres comprarla. Por el momento no tienes que HACER nada, sólo déjate llevar por la curiosidad y continúa leyendo estas páginas. Después, tú decides lo que consideres más oportuno, tú decides en qué quieres proyectar TU DETERMINACIÓN.

Inscríbete en www.mipazfinanciera.com y descarga gratis «Las 7 leyes del éxito y la felicidad», un poderoso audio de 20 minutos, que ha ayudado a miles de personas a conectarse con su fuerza y su seguridad.

Descarga también tu cuaderno de notas para comenzar a realizar tus ejercicios, escribir ideas y tomar apuntes de todo lo que necesites.

Recibe más recursos e ideas de Carlos Devis...

INSCRÍBETE EN

 www.mipazfinanciera.com

CAPÍTULO 2

LA MINA DE ORO MÁS GRANDE DEL MUNDO LA TIENES ENTRE TUS DOS OREJAS.

«Tu mente te ha dado todo lo que tienes y te podrá dar todo lo que quieres».

Así es, en efecto, no hace falta que busques mucho para encontrar la mina de oro más grande del mundo: la tienes entre tus dos orejas, ahí en tu cabeza. Así lo afirma, y no puedo sino mostrarme completamente de acuerdo, Napoleon Hill en su gran clásico de desarrollo personal *Piense y hágase rico*, un bestseller del que se han vendido millones de ejemplares alrededor del mundo desde que fue escrito en 1937, y ha sido el libro de cabecera de cientos de millonarios.

A continuación, permíteme presentarte a tres jóvenes profesionales.

Pedro es contador y trabaja en el Departamento de Contabilidad de una gran empresa. Trabaja 8 horas diarias y percibe por ello un salario de 1.500 al mes.

Juan también es contador. Tiene la misma edad que Pedro y ambos estudiaron en la misma universidad. Juan, no obstante, no trabaja en una gran empresa. Es *freelance*, trabaja por su cuenta y lleva la contabilidad de 5 pequeñas empresas, a lo que dedica también 8 horas diarias. Dado que cobra una tarifa de 1.000 a cada uno de sus 5 clientes, obtiene unos ingresos de 5.000 mensuales.

Roberto, por su parte, es el hermano menor de Juan, creció en la misma casa y tuvo las mismas oportunidades. Incluso estudió en la misma universidad. No obstante, Roberto gana 10.000 al mes trabajando sólo cuatro horas al día. ¿Cómo lo hace? Muy sencillo: tiene su propia empresa. Es una empresa de servicios de contabilidad en la que emplea a diez contadores y da servicio a un significativo número de clientes.

Estos tres jóvenes profesionales nos sirven para ilustrar algo que vemos todos los días, ¿por qué hay personas que con las mismas oportunidades e igual nivel de estudios ganan más que otras? La respuesta es sencilla y seguramente ya la habrás adivinado: porque las personas utilizan sus conocimientos y habilidades de distinto modo. Algunas incluso trabajan menos horas que el resto y no por eso ganan menos.

No se trata, en consecuencia, de lo que sabes hacer, sino de cómo piensas. Ante los mismos hechos tomarás decisiones diferentes. Por eso, en vez de ver las circunstancias observa tus pensamientos, ahí es más fácil hacer el cambio.

Todos, en algún momento de nuestras vidas, nos hemos preguntado por qué esta o aquella persona gana más dinero que nosotros. Personas a las que conocemos y de quienes sabemos positivamente que no tienen ninguna habilidad especial e incluso, son menos trabajadores que nosotros, pero ganan más.

También, a menudo, conocemos a personas que ganan menos dinero que nosotros pero, en cambio, tienen mayores ahorros y mayor patrimonio. Es decir, tienen más riqueza, aún ganando menos dinero. ¿Cómo lo hacen? ¿Es una cuestión de conocimientos, de personalidad, de inteligencia o simplemente de suerte?

Cada vez en mayor medida la psicología y las ciencias que estudian el funcionamiento de la mente reconocen el poder de los pensamientos. No me refiero a la mente como algo abstracto, como concepto, sino a los pensamientos que se generan y que podemos identificar, reconocer y entender.

Muchos de estos pensamientos van en contra nuestra y aun así los creamos, los alimentamos y nos apegamos a ellos como si fueran la única verdad, una «verdad» que nos perjudica, como: «yo no soy capaz», «yo no sé hacer dinero», «yo soy un fracaso», «no tengo más opciones». Estos pensamientos no nos convienen y podemos DECIDIR soltarlos y cambiarlos ya que nos mantienen inmovilizados impidiéndonos avanzar.

Te garantizo que no hubieras alcanzado varios de los logros importantes en tu vida si no hubieras identificado esos pensamientos que te limitaban y hubieras decidido cambiarlos. Piensa en aquellos momentos en los que tuviste un problema grande y en un momento te dijiste «voy a dejar de quejarme y a salir de esto» y todo cambió para ti, aunque en realidad, sólo cambió un pensamiento.

Los pensamientos son los que conforman nuestro mapa mental. Según los pensamientos que tengamos tendremos un mapa o bien otro. Un mapa que nos mantiene inmóviles o un mapa que nos permite avanzar. Se trata, en consecuencia, de cambiar el mapa y, para ello, lo que tenemos que hacer es cambiar los pensamientos, eliminando aquellos que no nos convienen y creando nuevos que nos permitan avanzar.

Lo resumía bien Henry Ford cuando decía aquello de «si piensas que algo no se puede hacer tienes toda la razón. Si piensas que ese mismo algo se puede hacer tienes también toda la razón».

Veamos un ejemplo: yo podría pensar que para comprar un inmueble necesito mucho dinero y, dado que no lo tengo, ni siquiera me tomo la molestia de preguntar a su dueño qué precio tiene el inmueble en cuestión. ¿Por qué preguntar si ya sé que me dirá que tiene un precio mucho mayor del que yo podré jamás pagar?

Veamos otro ejemplo: yo podría pensar que con mi sueldo y mis gastos fijos nunca podré ahorrar, pues apenas me permiten llegar a fin de mes. En consecuencia, ni lo intento, pues parto de la base de que mis ingresos son los que son y mis gastos son los que son, de modo que no hay alternativa posible.

Bien, ambos pensamientos son erróneos. Y son estos pensamientos los que conforman mi mapa mental y me impiden avanzar, pues me hacen creer que sin dinero nunca podré comprar un inmueble y, además, me hacen creer que con mi sueldo y mis gastos fijos nunca podré ahorrar y, por tanto, llegar a sumar la cantidad necesaria para comprar un inmueble no será posible.

Lo cierto es que, si tú supieras cómo, podrías buscar alternativas de crédito. Y también sabes que, si te lo propones, podrías ahorrar parte de tus ingresos. El primer paso es liberarte de las barreras que te lo impiden. Esto es, liberarte de los pensamientos que te limitan y que te impiden avanzar. Liberarte de un pensamiento es dejar de alimentarlo, dejar de pensar que ese pensamiento es cierto. Veamos algunos ejemplos:

¡Yo no puedo comprar más inmuebles porque no tengo dinero!

Aunque sea totalmente cierto que no tienes ninguna posibilidad de comprar, dime una cosa: ¿lo has intentado lo suficiente?, ¿te has organizado para intentarlo?, ¿has puesto lo mejor de ti para hacerlo?

¿Cómo actúas cuando piensas que no puedes comprar inmuebles porque no tienes dinero?

No haces nada… ni siquiera preguntas. Si te quedas sin hacer nada, no verás las oportunidades, aunque estén a tu alcance.

¿Cómo sería tu vida si no creyeras en el pensamiento que te dice que no puedes comprar inmuebles porque no tienes dinero?

Tendrías más apertura a educarte sobre lo que puedes hacer, buscarías alternativas y te abrirías a explorar posibilidades.

Lo siguiente, una vez identificados y cuestionados los pensamientos que nos atenazan, es dar los pasos necesarios para conseguir aquello que nos proponemos. En el caso de la compra de un inmueble este primer paso es tan sencillo como preguntarle al propietario qué precio tiene el inmueble en cuestión. ¿Por qué? Porque la respuesta puede sorprenderte.

No obstante, preguntar al propietario qué precio tiene el inmueble no es lo primero que solemos hacer. De hecho, ni lo primero ni lo último. En lugar de preguntar nos quedamos con nuestro pensamiento de que es imposible, de que el mercado está demasiado caro para nosotros, de que no tenemos ninguna oportunidad.

Y para sentirnos reforzados en este pensamiento nos juntamos con nuestros amigos del club de quejetas perdedores para quejarnos largo y tendido sobre lo caro que está todo, las pocas oportunidades que existen y lo difícil, por no decir imposible, que es para nosotros llegar a adquirir un inmueble.

Alimentar este tipo de pensamientos nos afecta de los siguientes modos:

- **Nuestras emociones.** Acabamos llenos de pesimismo, desesperanza y resentimiento.

- **Nuestras actitudes.** Nos convertimos en personas desconfiadas, pasivas y siempre a la defensiva.

- **Nuestros valores.** Nos hacen creer que no merece la pena esforzarse, que el mundo es injusto y que unos pocos ricos se reparten la riqueza a costa del resto de nosotros.

El resultado de todo ello es que, en lugar de avanzar, nos quedamos en el mismo lugar, que es aquél que nuestro mapa mental nos dice que es el que nos corresponde. Sin inmuebles, sin ahorros y sin futuro alguno. Condenados a vivir toda la vida de un ingreso limitado, no por las circunstancias sino por nuestros propios pensamientos.

Llegados a este punto, déjame hablarte de mi buen amigo Cristian Godefroy, un especialista en *Marketing Online* capaz de ganar tres millones de dólares al mes vendiendo sus productos por internet. Cuando murió, hace unos pocos años, había amasado una fortuna de más de 30 millones de dólares. Yo era uno de sus mejores amigos y como hago con mis buenos amigos, algunos de ellos millonarios, le daba consejos que siempre valoraba y apreciaba.

Sin embargo, yo solía pensar que ellos ganaban siempre más dinero que yo. Mejor dicho, yo pensaba que ellos hacían crecer su dinero mucho más rápidamente que yo el mío. Ellos cada vez tenían más y yo, en cambio, me pasaba el día sufriendo para no perderlo.

Cristian me decía:

—Carlos, haz lo que yo hago, es fácil. No sé por qué no lo haces.

En mi inconsciencia, yo le respondía:

—Es fácil para ti, Cristian, porque tú sabes hacerlo.

Ahora que ya lo he entendido me resulta fácil y sé que cualquiera puede aprenderlo. Por eso en este libro hablaremos largo y tendido de los pensamientos negativos y del proceso de cambio de pensamiento de consumidor a inversionista, paso necesario para crecer financieramente.

En su libro *Los 7 hábitos de las familias altamente eficientes*, Stephan Covey tiene una frase que nunca olvido: «Mientras que cada familia infeliz tiene su propia fórmula para ser infeliz, todas las familias felices tienen la misma fórmula para ser felices».

Aunque las familias felices también tienen problemas y desafíos, le dan mucha importancia al respeto, a cuidar las relaciones y se esfuerzan en reconocer que sus estados emocionales no dependen de los demás. Se enfocan en cambiar ellos mismos en lugar de tratar de cambiar al otro. La aceptación, la tolerancia, la gratitud, la felicidad y la armonía son decisiones individuales.

En cambio, las familias infelices esperan que sean los otros o las circunstancias las que cambien para poder ser felices. Tratan de calmar la tormenta intentando manejar las variables que están fuera de su control, como el viento. Evitan tomar responsabilidad de sus acciones haciendo que la tormenta, lejos de calmarse, empeore.

El NO tomar responsabilidad ante los problemas siempre hará que empeoren y nos privará de la oportunidad de tomar decisiones para solucionarlos. En mi libro *Convierta Los Problemas En Oportunidades* desarrollo más en profundidad estos temas, de modo que no lo haré aquí.

Esto mismo aplica a las finanzas, quienes no progresan tienen sus propias razones para no hacerlo y culpan a los demás de su situación: al gobierno, a los jefes, a la familia, etc. Mientras yo piense que lo que me ocurre es responsabilidad de otros, nunca recuperaré mi poder personal.

Lo que hacen otros me afecta, por supuesto, pero yo siempre tengo el poder de decidir qué voy a hacer con eso. Recuerdo una frase que leí hace mucho tiempo: «Esclavo es quien espera que alguien venga a liberarlo». Es por esto que no dejaré de insistirte en esta gran verdad: TÚ TIENES EL PODER DE CAMBIAR TU VIDA AHORA MISMO. Es sólo cuestión de voluntad, de cambiar TU DETERMINACIÓN de hacerlo.

Por el contrario, quienes progresan y tienen libertad financiera tienen un pensamiento muy parecido. Comparten los mismos valores, piensan en los números, cuidan sus relaciones valiosas, vigilan su dinero, se educan y no invierten en cualquier cosa, sino sólo en aquello que coincide con su estrategia.

Si escuchas mi podcast «Ingresos reales con bienes raíces» te darás cuenta de que todos los inversionistas, aunque tengan vidas y estrategias diferentes, piensan y actúan de igual modo. Cuando más adelante en este libro hablemos del pensamiento de inversionista te daré más pistas.

De momento me gustaría asentar un principio básico: los números son fáciles, lo más importante es trabajar el pensamiento, ser capaces de pasar de pensamiento de consumidor a pensamiento de inversionista, de pensamiento de víctima a pensamiento proactivo. Esto para mí ha sido la diferencia entre ser pobre o rico, líquido o ilíquido, feliz o infeliz. Lo peor de mi ceguera mental durante cuarenta años fue que yo no sabía cuál era el problema y ese es el peor de los problemas, porque cuando esto ocurre uno no sabe qué elementos tiene que trabajar.

Aunque pienses que ahora mismo estás muy lejos te mostraré que tienes todo lo que necesitas para hacer un cambio importante en tu vida financiera. No se dará de un día para otro y tampoco será fácil. Para mí lo más difícil fue reconocer eso que yo no estaba haciendo bien, pero créeme, vale la pena, TÚ y tu familia lo merecen.

Tu próximo paso…

Haz una lista de los pensamientos o las «objeciones» que tuviste cuando leíste este capítulo, toma uno a uno esos pensamientos y utiliza estas 4 preguntas de Byron Katie para cuestionarlos.

Son preguntas sencillas, pero increíblemente poderosas y liberadoras. Puedes profundizar este método en su libro *Cuestiona tu pensamiento, cambia el mundo.*

Ejemplo:

Pensamiento: ¿Comprar yo un inmueble? No puedo.

Objeción: los bienes raíces son sólo para gente con dinero.

Cuestionamiento de la objeción:

1- ¿Es eso cierto?

Si, es cierto, para comprar bienes raíces se necesita mucho dinero y yo no tengo.

2- ¿Es absolutamente cierto?

Bueno, en realidad, hay personas que ganan mucho menos dinero que yo y han comprado un inmueble o más.

3- ¿Cómo actúas y qué pasa cuando crees en ese pensamiento?

Como pienso que no puedo comprar, no hago nada; no busco, no me preparo, no lucho por encontrar oportunidades... ni siquiera pregunto. Me siento sin poder de crecimiento y me quedo en la pasividad, culpando al dinero, o a otros, y negando mi capacidad de lograr lo que quiero cuando me lo propongo.

4- ¿Cómo sería tu vida si no creyeras en ese pensamiento?

Confiaría en mí, como lo he hecho cuando he querido algo.

Buscaría recursos, organizaría más mis finanzas, ahorraría, me educaría...

Me enfocaría en buscar a personas que sean como yo, y que lo hayan logrado, para aprender qué estoy haciendo mal o no sé hacer.

Buscaría alguna alternativa para comprar un inmueble con poco dinero o buscaría alguna financiación...

5- Haz la inversión del pensamiento si tu pensamiento es "yo no puedo comprar bienes raíces porque no tengo dinero". El pensamiento inverso es: "yo Sí puedo comprar bienes raíces si me lo propongo".

Luego, piensa en varias personas que conoces que, con poco dinero, han comprado varios bienes raíces. Ejemplo: Un amigo de mi tío, también un primo, mi amigo Ernesto, el esposo de Sofía…

6- Haz una lista de proyectos que tú has logrado sacar adelante, aunque tenías muy poco dinero.

Recibe más recursos e ideas de Carlos Devis…

INSCRÍBETE EN

 www.mipazfinanciera.com

CAPÍTULO 3

POR QUÉ INVERTIR EN BIENES RAÍCES

«Los inquilinos pagarán tus hipotecas, el arriendo subirá, el valor del inmueble subirá y la deuda bajará. ¡Hermoso!».

Según las estadísticas del Departamento de Trabajo de Estados Unidos, dos de cada tres empresas creadas hoy cerrarán sus puertas antes de los dos años. Y, de las que sobrevivan, sólo la mitad llegará a cumplir cinco años. En otras palabras, de cada 100 empresas que nacen sólo 16 llegan a los cinco años.

En 1958, el promedio de vida de una empresa era de 61 años; hoy en día, no pasa de 18 años. Son muy pocas las empresas que sobreviven de una generación a otra. Para ello se requiere de mucho talento, dinero y suerte.

Esto, por supuesto, también se refleja en la estabilidad de los empleos. ¿Cuántas personas podrán decir, en estos tiempos, que tienen una carrera asegurada en su empresa? Muy pocas. Claro que hay trabajos, negocios y grandes oportunidades, pero las reglas del juego han cambiado dramáticamente en los últimos años.

Contrariamente a una empresa, para que una casa o un apartamento perdure durante siglos se requiere de muy poco. A esto se suma el que cada vez más familias y personas necesitan un techo bajo el cual vivir, y esto irá en aumento.

Por otro lado, invertir en bienes raíces resulta cada vez más fácil. Multitud de personas que hace 20 años no tenían ninguna posibilidad de acceder a una vivienda, pues carecían de acceso al crédito bancario, hoy pueden hacerlo, gracias a que las alternativas de financiamiento se han multiplicado. No es extraño que, según el servicio de impuestos de Estados Unidos, el porcentaje más grande de fortunas personales esté basado en bienes raíces.

Desafortunadamente yo lo descubrí tarde en mi vida. Por ello quiero que otras personas se beneficien de esta extraordinaria oportunidad. A continuación, me gustaría presentarte varias razones por las cuales conviene invertir en bienes raíces.

Ventajas de los bienes raíces

No se pueden malgastar: cuántas veces en mi vida hice esfuerzos por ahorrar, dejé de comprar o de viajar por hacer crecer unos ahorros para que después apareciera la emergencia, o el familiar necesitado (que siempre aparece), o el entusiasmo familiar o el mío propio por hacer o comprar algo que reducía mis ahorros hasta incluso, hacerlos desaparecer por completo en un instante.

A diferencia del ahorro en dinero los bienes raíces no se pueden vender en un instante, lo que nos cuida de gastar de forma precipitada, por emoción o por angustia, ese capital invertido en el inmueble. Cuando tenemos un momento de iliquidez o de miedo, es fácil echar mano de lo primero a nuestro alcance, sin pensar demasiado. Después, cuando pasa la situación difícil nos decimos «hubiera podido hacer esto o lo otro» y nos lamentamos de haber perdido dinero con esas decisiones apresuradas o presionados por personas cercanas que miran la solución a corto plazo, pero no nuestro futuro.

A lo largo de nuestra vida, los únicos que sobrevivirán a nuestros altibajos financieros serán los bienes raíces, que no son un activo líquido. Para vender un inmueble necesitamos tiempo, y ese lapso nos da la oportunidad de evaluar mejor nuestras decisiones.

Generan ingreso pasivo: la semana pasada compré una unidad con dos apartamentos. Cuando hice la oferta había uno desocupado y otro arrendado. Mientras hicimos los trámites para la escritura el vendedor, con mi autorización, arrendó la otra unidad y yo, al firmar los papeles y recibir la propiedad, recibí también los depósitos de los dos inquilinos, más los días de arriendo adelantados del mes.

Firmé el día 4 del mes y me dieron 26 días de arriendo por adelantado de las dos unidades, suficiente para pagar la siguiente cuota de la hipoteca, seguros, impuestos y gastos por ese mes.

Una vez hecha toda la operación se lo entregué a mi agencia de bienes raíces y de ahí en adelante ellos se encargaron de todo. Sé que debo hacer unos gastos en la propiedad a lo largo del año, pero los tengo presupuestados desde que hice el contrato de compra. Lo mejor es que, año a año, el ingreso por renta subirá, así como el valor de la propiedad, sin tener que hacer nada al respecto.

De todos los negocios que he hecho y he visto hacer en mi vida, este me parece el más fácil y seguro, si se sabe hacer.

Valorización: los bienes raíces mantienen el valor del dinero invertido cuando hay devaluación. Quienes no lo saben se ufanan de que ganaron con bienes raíces porque compraron en una suma y después valía más, sin tener en cuenta que para comprar la misma propiedad necesitarían de una cantidad de dinero igual a la que generaría la venta. Es decir, no ganaron, sino que mantuvieron el valor del dinero, lo cual, sin duda, es algo muy bueno.

Ahora, los mercados, adicionalmente a la valorización, también suben o bajan. Sin embargo, en la estrategia que yo manejo de comprar, arrendar y mantener, el negocio lo hago cuando compro. Busco comprar con descuento y que los números me den para que la propiedad se pague sola.

Mis estudiantes están cansados de escucharme decir: «En los bienes raíces el negocio se hace cuando se compra, no cuando se vende».

Impuestos: si tienes una empresa que factura 500.000 dólares al año y tu contador te dice que la utilidad del año fue de 100.000 dólares, al mismo tiempo te dirá que tienes que pagar 20.000 ó 30.000 dólares de impuestos en los próximos días.

Tú puedes preguntarle a tu contador dónde están los 100.000 dólares y él te responderá que están en inventarios, cuentas por cobrar, trabajos en proceso y quizás un poco en el banco. Lo más probable es que le digas que no tienes 20.000 dólares para pagar ahora, a lo que él responderá, señalándote los libros de cuentas: «es la cantidad que debes pagar».

Me duele el estómago al escribir esto. ¡Cuántas veces he estado en esta situación y he tenido que salir al banco a pedir préstamos para hacer frente a estos pagos, año tras año!

En cambio, si compras una propiedad con un 30% de descuento, en ese instante ya creció tu patrimonio un 30%, la podrías vender y recibir ese 30% de ganancia o podrías ir al banco y recibir un préstamo sobre el valor del mercado de la propiedad. Sin embargo, el hombre de los impuestos sólo te cobrará el gravamen de ganancia cuando vendas la propiedad. También te permitirá descontar muchos de los gastos que hayas tenido en esa propiedad y, en algunos países, los intereses o parte de los intereses que le hayas pagado al banco.

Si decides vender la propiedad, muchas legislaciones permiten reinvertir, con ciertas condiciones, el dinero de la venta en otra propiedad y posponer el pago de los impuestos por la ganancia de esa venta. En algunos países, asimismo, la ley fiscal permite invertir tus ahorros, o parte de ellos, de tu fondo de pensiones en bienes raíces. Si lo haces bien puedes saber cuál va a ser la rentabilidad y en qué está invertido tu dinero. ¿Acaso sabes cuánto y en qué están invertidos ahora tus ahorros de pensión?

Para saber más acerca de las ventajas fiscales de los bienes raíces en tu país, pregúntales a varios contadores, especialmente a aquellos que les hacen los impuestos a los ricos. Ellos saben buscar los beneficios legales para aprovechar las ventajas tributarias que la mayoría de las personas no usa, sencillamente, porque no las busca. Una buena lectura, en este sentido, es el libro de mi amigo de España Juan Haro, titulado *Los trucos de los ricos: 92 trucos para multiplicar tu dinero, proteger tu patrimonio y reducir tus impuestos legalmente.*

Si en lugar de comprar tuvieras los ahorros en el banco, además de la devaluación y con el mínimo interés que te pagarían, tendrías probablemente una retención del gobierno sobre los intereses ganados.

Apalancamiento: si llegan al banco al mismo tiempo un empresario que factura 500.000 dólares al año y una señora humilde que apenas sabe leer y escribir, pero tiene un edificio sin hipoteca que vale 500.000 dólares, con 10 apartamentos todos arrendados, ¿a quién de los dos crees que el banco le prestaría con mayor facilidad?

¿Qué negocio podría comprar una persona corriente con un plazo de 15, 20 ó 30 años para pagarlo, dando sólo el 10, 20 ó 30 % de cuota inicial y que el mismo negocio sirviera de garantía?

Tratar de comprar el restaurante de la esquina, la ferretería o la oficina de seguros planteando pagar a 10 años o más, y que te entreguen el negocio totalmente sólo con una pequeña cuota inicial parece muy improbable, ¿cierto? Sin embargo, tú puedes comprar un bien raíz con una cuota inicial y el banco te ofrece el crédito. Busca un crédito para comprar un negocio, si te lo dan fíjate a qué interés y en qué término te lo aprueban. Por supuesto, ni se compara con la facilidad, el costo y el plazo de un crédito hipotecario.

Si has elegido bien el inmueble el inquilino comenzará a pagar tu hipoteca. Y ahora viene lo mejor: esperas unos años y cuando se valorice la propiedad, la deuda bajará, así que podrás ir al banco, refinanciar y sacar lo que invertiste en la cuota inicial, que podrás invertir en otra propiedad. Así que la rentabilidad de tu primera propiedad, calculándola con respecto a lo que invertiste, se convierte en infinita.

Fáciles de manejar: si se elige bien al inquilino, se hace el contrato de la forma correcta y la propiedad tiene el mantenimiento adecuado, el tiempo de manejo en 12 meses debería ser mínimo. Si el inversionista ha decidido usar una agencia para administrar, el secreto está en hacer la tarea de buscar la adecuada. Las hay muy buenas en casi todas partes. La mayoría de las historias de horror que escuchamos con inquilinos comenzaron porque alguien les arrendó por lástima o con afán sin hacer la tarea. Los inquilinos NO son tus amigos, son tus clientes. Yo tengo propiedades que no visito hace años y cada mes recibo la renta.

Por otro lado, si lo comparamos con manejar un negocio o emprendimiento, son muchas las variables a tener en cuenta para que el negocio crezca o, al menos, sobreviva: inventarios, proveedores, empleados, esfuerzos de ventas todos los días para cerrar cada mes con presupuestos, buscar personal, calificarlo, entrenarlo, manejarlo, pagarle, ajustar los productos a la competencia, a los movimientos del mercado, etc. Cada negocio nuevo implica más capital y el riesgo de que el cliente no pague o no reciba el producto. Menciono esto porque lo viví durante años y aún lo vivo con mi empresa de educación. Me encanta lo que hago, pero requiere de mucho trabajo y sacrificio.

Ahora manejo mis propiedades con una agencia y nos reunimos una vez al mes, miramos los números y lo que se puede mejorar. Cuando tenía pocas propiedades las manejaba yo mismo: tomaba las fotos, las publicaba en las páginas de bienes raíces, pagaba un aviso de cinco dólares en Facebook, entrevistaba a los candidatos por teléfono, les pedía que rellenaran un formulario y me citaba en la propiedad con los finalistas para elegir a la persona a quien le daría el contrato.

Si tienes una buena propiedad y la ofreces a precio de mercado siempre te sobrarán candidatos para arrendarla. Si la propiedad se compra bien (y más adelante en este libro te explicaré cómo comprar bien) y se eligen bien los inquilinos, los problemas de mantenimiento serán mínimos.

Poco riesgo: cuando escucho a las personas que van a invertir sus ahorros en un automóvil para taxi o para Uber o en un negocio que no conocen y el cual no van a controlar, se me pone la piel de gallina. Casi puedo apostar a que ese dinero va a ser todo, menos un buen negocio. Por supuesto, puede salir bien pero el riesgo, la mayoría de las veces, es muy alto y si la inversión es mayor al valor de un automóvil, el riesgo será incluso mayor.

Peor incluso si hablamos de la bolsa. Si sabes cómo invertir y te va bien, súper, estupendo, pero la mayoría de las personas se meten sin saber nada o guiados simplemente por sus emociones. Yo fui una de ellas y perdí dinero por invertir sin saber cómo hacerlo. De hecho, hay pocos sitios como la bolsa en que es tan fácil que tu dinero desaparezca tan rápidamente. En cambio, invirtiendo en bienes raíces si compras bien, y te diré cómo, el riesgo de que pierdas tu dinero es mínimo.

Recibe más recursos e ideas de Carlos Devis...

INSCRÍBETE EN

 **www.mipazfinanciera.com**

CAPÍTULO 4

LOS ERRORES DE QUIENES FRACASAN CON BIENES

«Hacer una compra sin entender es como jugar a la ruleta».

Las personas que han fracasado en bienes raíces por lo general lo atribuyen a la mala suerte, cuando en realidad no hay nada más alejado. La suerte no tiene nada que ver. Es cierto que a veces las circunstancias nos benefician o perjudican, pero para que haya un fracaso debe haber un error previo. Veamos cuáles son los errores más comunes de quienes fracasan en bienes raíces.

No administran adecuadamente los bienes

Debes manejar tu propiedad como si fuera un negocio de servicio: tu inquilino quiere un buen sitio para vivir y a cambio tú recibes un pago por ello. Por lo general, la mayoría de gastos de mantenimiento de una propiedad son ridículos si los comparamos con su valor; aquellos que no saben y pierden sus propiedades es porque lo calculan respecto al valor del arriendo. Hay formas muy sencillas y fáciles de hacer esto, tema que comentaremos más adelante cuando te explique cómo arrendar.

Piensa, por ejemplo, ¿qué le pasaría a tu automóvil si no lo lavaras, no estuvieras pendiente de cambiarle el aceite o no lo llevaras al mecánico cuando detectaras algo raro? De la misma manera, los propietarios que no mantienen sus propiedades, ya sea por descuido o porque se gastan las ganancias del arriendo en otras cosas y no en su mantenimiento, acabarán por perder sus propiedades.

Esto se puede ver de una manera fácil con el siguiente ejemplo: en 1969 el profesor Philip Zimbardo de la Universidad de Stanford, Estados Unidos, realizó un experimento de psicología social. Dejó dos autos idénticos abandonados en la calle: misma marca, idéntico modelo e igual color. Sin embargo, uno lo aparcó en el Bronx, por entonces una de las zonas más pobres y conflictivas de Nueva York, y el otro lo aparcó en Palo Alto, California, una ciudad tranquila y de las más ricas del país. Dos autos idénticos, dos poblaciones muy diferentes y un equipo de especialistas en psicología social estudiando las conductas en ambos barrios.

A las pocas horas de empezar el experimento el auto que habían abandonado en el Bronx comenzó a ser vandalizado: le quitaron las llantas, el motor, los espejos, la radio... Se llevaron todo lo que era aprovechable y destruyeron aquello que no lo era. Y, sin embargo, el auto que habían abandonado en Palo Alto se mantuvo intacto.

Es muy común que la pobreza se atribuya como una de las principales causas de la delincuencia, tema en el que coinciden las posiciones ideológicas más conservadoras tanto de izquierda como de derecha. No obstante, el experimento no terminó ahí. Una semana después, cuando ya no quedaba nada del auto del Bronx y el otro vehículo seguía en perfecto estado, los investigadores rompieron el cristal de una ventanilla del automóvil de Palo Alto. Esto desencadenó el mismo proceso de robos y vandalismo que había tenido lugar anteriormente en el Bronx y el auto acabó en el mismo estado que el de la zona marginal.

¿Por qué puedes encontrar en un barrio pobre casas impecables y en un barrio de ricos casas completamente dejadas? Lo que nos explica Zimbardo es que la causa no es el nivel de pobreza, sino la psicología, la actitud.

Si a una propiedad arrendada no se le arreglan de inmediato los pequeños detalles el problema se irá agrandando poco a poco, pero el mayor daño se produce cuando los inquilinos notan que al propietario no le importa su propiedad. Si esto sucede pueden pasar dos cosas: que el inquilino lo arregle por sí mismo y se acabe yendo porque no quiere vivir en un lugar descuidado o bien, que los nuevos inquilinos tampoco cuiden del lugar y quieran pagar un precio más bajo de arrendamiento porque la propiedad no es cuidada de forma adecuada por su dueño.

Esta teoría de los vidrios rotos se puede aplicar a cualquier área de nuestra vida: acabaremos perdiendo todo aquello que no cuidemos.

Compran o venden por emoción

Sorprendentemente, la gran mayoría de personas compran, por razones puramente emocionales, bienes que serán la parte más importante de su patrimonio y para lo cual asumen una deuda de diez o veinte años. ¿Quién no ha escuchado, por ejemplo: «Me enamoré del sitio», «Me pareció muy bonito» o «Me dijeron que era una buena inversión»? Estas personas toman la decisión sin evaluar primero los números, el vecindario o el mercado, y más tarde, cuando quieran vender o arrendar –pues todo bien termina vendiéndose o arrendándose– aparecerán los números y le mostrarán la verdad sobre su suerte.

Puede que lleguen cuotas de administración no esperadas, gastos imprevistos de daños, sobrecostos, que la cuota de la hipoteca sea difícil de pagar o que se dificulte volver a arrendar o vender. Y entonces, la persona llegará a la conclusión de que no era una buena inversión y que si lo hubiese pensado mejor al comprar quizás se podría haber ahorrado dinero y problemas.

Porque, no lo olvides nunca, **en los bienes raíces el buen negocio se hace al comprar, no al vender.**

También existe el problema contrario: personas que venden basándose en sus emociones. Por ejemplo, porque exista una crisis económica o porque tengan problemas con un inquilino y busquen una solución fácil.

Por lo general, estas ventas emocionales se llevan a cabo por menos dinero del que podría haberse ganado y con frecuencia el dinero de la venta desaparece rápidamente en cosas sin importancia.

Recuerda: las emociones sin educación son muy malas consejeras para tu bolsillo.

Confían o escuchan consejos de personas que no son inversionistas

Si estás a punto de cruzar un río caudaloso que tiene sus peligros y necesitas decidir qué bote tomar y cómo prepararte, ¿le pedirías consejo a alguien que no conoce el río, que no sabe nadar, que le tiene un miedo increíble al agua y que su opinión se fundamenta en cuentos que ha escuchado de otros que sólo han visto el río en películas? ¡NO!, me dirías de manera enfática, y buscarías al pescador experto que ha cruzado mil veces el río en todos los climas, que sabe qué bote usar, cuándo y cómo.

Por esto muchas personas fracasan. Escuchan al agente de bienes raíces que NO es inversionista, al pariente quebrado, al que tiene una propiedad mal cuidada o unas finanzas personales desastrosas, pero opina de todo con autoridad.

Si quieres consejos sobre cómo invertir pídeselo a alguien que haya invertido y le vaya bien, no al que le ha ido mal.

No tienen una estrategia

Uno de los mayores riesgos es comprar sin haber ideado antes una estrategia, porque puede ocurrir que uno acabe comprando por las razones incorrectas. Por ejemplo, comprar una casa en la playa porque hemos pasado allí unos días agradables con la familia; un lote en un lugar alejado porque un amigo también ha comprado y nos ha convencido de su gran potencial de valorización; o comprar proyectos sobre plano sin conocer al constructor y sin haber hecho los números, es decir, sin saber si conseguiremos el crédito del banco para pagar la hipoteca, cuáles serán las cuotas de administración, impuestos, hipoteca y servicios o si podremos pagarlas. En resumen, es comprar sin saber lo que estamos haciendo.

Abraham Lincoln decía que, si contaba con ocho horas para talar un árbol, invertía siete de esas horas tan solo en afilar el hacha y planear cómo cortarlo. Yo a mis estudiantes les repito siempre lo mismo: «cuando sabes lo que quieres, tú decides; cuando no sabes lo que quieres, otras personas deciden por ti».

Saber qué bienes raíces debemos comprar y, lo que es más importante, cuáles no debemos comprar, es sencillo y en este libro te enseñaré todo lo que he aprendido gracias a mis propios errores y aciertos, los cuales me han llevado a ser un inversionista exitoso en los bienes raíces. Un aprendizaje que ha cambiado mi vida y la de mis estudiantes.

Los arriendan a las personas incorrectas

Así como les he comentado que el negocio se hace al comprar y no al vender, con los inquilinos pasa lo mismo. La gran mayoría de los problemas con ellos tienen su causa en haber elegido mal a los arrendatarios.

Seguramente habrás escuchado historias como estas varias veces:

- «Le dejé el apartamento a mi prima por un precio muy bajo porque estaba pasando un mal momento. Ahora no quiere pagarme y, además, está molesta conmigo».

- «Le arrendé la propiedad a una familia que me pareció muy agradable y después me sorprendieron: son complicados, tienen en muy mal estado la propiedad y siempre ponen mil problemas para pagar».

- «No tengo contrato porque me dijeron que ya lo firmarían y me lo devolverían y nunca lo hicieron».

- «No sabía cómo investigar los antecedentes de los inquilinos a los que iba a arrendar el piso y no creí que fuera tan importante».

La mayoría de las personas pagan a tiempo la renta porque no quieren que la familia pase un mal rato con el casero o con la agencia pidiendo el dinero continuamente o amenazando con el desalojo.

Pero, aun así, si tenemos una propiedad que vale decenas de miles de dólares y genera gastos, no es responsable arrendarla sin saber a quién y sin haber hecho antes todas las investigaciones y los procedimientos necesarios.

Por otro lado, si una persona es descuidada con su propiedad, lo más probable es que se encuentre con inquilinos que también sean descuidados. Por eso debemos tomar todas las precauciones necesarias, y hoy en día, gracias a las redes y los sistemas de comunicación, es muy fácil conocer el historial de crédito, los antecedentes y las referencias de cualquier persona.

Si no sabemos hacerlo o no tenemos tiempo para ello, también se puede contar con la ayuda de una agencia, una compañía de seguros o incluso alguien cercano a nosotros que tenga conocimientos sobre el tema y quiera echarnos una mano. Tomar esta precaución marcará una gran diferencia.

Más adelante veremos cómo podemos llevar a cabo un arrendamiento de una manera eficiente y segura.

No tienen visión de largo plazo

Trabajar duro no siempre se relaciona directamente con el crecimiento financiero; tampoco ahorrar es una garantía si se hace porque sí, sin un plan o unas metas realistas de inversión.

Esperar la aparición de un «negocio mágico» que resuelva todos nuestros problemas o creer que cuando terminen nuestros problemas haremos algo distinto, no es una forma realista de pensar. Es un pensamiento enfocado a solucionar el presente sin invertir tiempo ni recursos en un futuro que, inevitablemente, llegará.

Una gran parte de la población no sabría decir qué cantidad de dinero tiene en su fondo de pensiones, cuál fue el desempeño de su portafolio ni cuánto tiempo tardarán en alcanzar sus metas financieras de jubilación, si es que tienen claras estas metas.

Te hago una pregunta: ¿podrías decirme cuánto necesitaría tu familia en activos y a qué tasa de rentabilidad para poder mantener su nivel de vida si tú faltaras o no pudieses mantener los ingresos actuales?, o ¿cuánto necesitarías en activo y rentabilidad para que tú y tu pareja pudieran dejar de trabajar?, y ¿cuál sería el plan concreto para hacerlo?

Siempre me acuerdo de un amigo, quien decía que nunca fue consciente de que cualquier momento podía ser la última vez que viese a un ser querido hasta que no le pasó de verdad. Y es así, la vida nos puede sacudir en cualquier momento; he aprendido que lo mejor es estar preparado siempre por si llega.

«Vive como si fueras a morir mañana y planifica como si fueras a vivir mil años».

No se educan financieramente

Cuando invito a una persona a que invierta en su educación financiera y me dice que lo hará tan pronto salga de sus problemas, yo le digo: «eso es como si te rompieras un brazo y me dijeras que irás al hospital cuando te mejores». La principal razón de las crisis financieras son las malas decisiones anteriores. Es cierto que hay despidos, enfermedades repentinas o situaciones inesperadas, pero cuando hay una planificación financiera personal y familiar, la crisis se maneja con mayor facilidad.

¿Cuántos años y dinero invertimos en aprender una profesión o negocio para ganar dinero y vivir mejor? Y sin embargo no invertimos tiempo ni dinero en aprender a manejar nuestro dinero. Tenemos que esperar a la gran crisis personal por endeudamiento para aprender, con gran costo emocional y financiero, a manejar las deudas, cuando hubiéramos podido invertir unas horas y quizás algo de dinero en educarnos sobre cómo manejar las deudas. ¿Por qué tenemos que esperar a quebrarnos en nuestro emprendimiento, profesión o negocio, para entender los principios simples de los números, que son los mismos en cualquier país y que no cambian con los siglos?

La educación financiera tiene dos aspectos importantes. Una es la parte técnica o de números, que básicamente es gastar menos de lo que se gana y ahorrar e invertir esos ahorros buscando una rentabilidad que se vuelve a reinvertir. La otra parte es la psicológica, la más importante. Involucra la forma de pensar y los valores, para que las pequeñas acciones se conviertan en un crecimiento seguro y estable del patrimonio y, sobre todo, de los ingresos pasivos.

Recibe más recursos e ideas de Carlos Devis...

INSCRÍBETE EN

 www.mipazfinanciera.com

 **CAPÍTULO 5**

CÓMO SUPERAR LOS OBSTÁCULOS MÁS COMUNES PARA CRECER CON BIENES RAÍCES

«El obstáculo es un hecho o circunstancia. El no hacerlo por el obstáculo es una justificación».

Mencionaré brevemente las objeciones más comunes que recibo cuando las personas escuchan mi podcast o ven uno de mis vídeos. Frases como «Me gustaría, pero no tengo dinero, crédito, tiempo...», se convierten en verdaderos muros mentales para una persona, porque al creer de verdad en estas afirmaciones se cierran a cualquier oportunidad de negocio con bienes raíces, aunque se las sirvan en bandeja de plata.

Analicemos algunos de los: **«Carlos, yo quiero invertir en inmuebles, pero...»**

«... no tengo dinero»

¿Cuántos de los proyectos más importantes de tu vida los empezaste sin un centavo y quizás con todo el mundo en tu contra?

¿Y cuántos de ellos no sólo lograste, sino que finalmente llegaste más lejos de lo que esperabas en un principio?

¿Acaso cuando quieres algo, cuando REALMENTE decides algo, dejas de hacerlo por falta de dinero? Quizás no sea fácil, quizás tome un largo tiempo... pero si de verdad quieres, tengo la certeza de que podrás lograrlo.

Y no estoy hablando de comprar muchos inmuebles, me refiero a que te comprometas a comprar una propiedad, tan sólo UNA, y un tiempo después adquirir otra. Ya verás que si sigues estos pasos adquirir la tercera será incluso más fácil.

Pero, insisto en la importancia de la organización de tus propias finanzas personales, pues esto te permitirá encontrar recursos que ya tienes, aunque seguramente no lo sepas y no están bien utilizados. En el capítulo 27 «Cómo encontrar más recursos para invertir», te daré algunas ideas para aumentar tus ingresos haciendo tan sólo unos pequeños cambios en tu vida.

«...no tengo crédito»

La mayoría de personas que me ponen esta excusa, quienes dicen que no compran porque no tienen crédito, en realidad han ido sólo a uno o dos bancos a preguntar una vez y no han insistido más en el asunto. La pregunta que debes hacer al banco no es «¿Yo califico para recibir un crédito?», sino «¿Qué debo hacer para calificar para un crédito?», y una vez tengas la respuesta dedicar al menos seis meses o un año en construir el perfil que pide el banco.

Además, debes también preguntar a todos los bancos, no sólo a un par, pues cada uno tiene sus propias políticas de préstamo y aunque para uno no tengas el perfil, quizás para el siguiente sí.

Existen otras estrategias de financiamiento que no provienen de los bancos, como, por ejemplo, la del propio dueño o pedir dinero a otras personas y algunas más mencionaremos más adelante.

«… aquí los inmuebles están muy caros»

¿De verdad me vas a decir que entre las miles de propiedades disponibles para inversión que hay en tu ciudad no hay ni una sola que puedas adquirir con un buen descuento?

El negocio de los inmuebles se trata de buscar, buscar y buscar. Aquel que tiene una buena educación financiera realiza esta búsqueda de una manera diferente a aquellos compradores que no tienen pensamiento de inversionista.

«… no tengo tiempo para buscar»

Si sabes qué y cómo hacerlo, puedes dedicar 15 ó 20 minutos diarios a buscar por internet, 10 minutos a hacer llamadas y preguntar, y un par de horas durante el fin de semana a visitar los inmuebles que encontraste durante esa búsqueda y que te resultaron interesantes.

Si llamas a tres vendedores al día, harías un total de 21 llamadas a la semana; de éstas debes elegir dos o tres inmuebles para ver durante el fin de semana. Así, en un mes llamarías a unas 80 ó 90 personas y visitarías entre 12 y 15 inmuebles.

Por lo tanto, anualmente serían 960 llamadas y cerca de 144 visitas a inmuebles. Como ves, sólo necesitas 30 minutos al día y 2 horas en los fines de semana para cambiar tu vida y la de tu familia para siempre. ¿Crees que no vale la pena?

«... es complicado manejar a los inquilinos»

Siempre es complicado hacer cualquier cosa que uno no sepa hacer. Seguramente alguna vez escuchamos alguna historia terrible relacionada con los inquilinos y ya asumimos que todos ellos son iguales. Sin embargo, piensa cuántas personas que conoces son o han sido inquilinos. Te puedo asegurar que el 99% han sido personas correctas que pagan su renta a tiempo y cuidan los inmuebles.

¿Por qué se iban a arriesgar a que el propietario les llame continuamente o les envíe cartas amenazantes de desalojo? No te digo que esto no ocurra, pero es la excepción y no la regla. De todas maneras, a lo largo del libro te mostraré la manera de encontrar a los inquilinos adecuados para tu inmueble.

«... ya invertí en inmuebles con anterioridad y me fue mal»

El 90% de las malas experiencias, a la hora de invertir en bienes raíces, se debe a una de estas tres razones:

1. Compran inmuebles difíciles de arrendar o vender, sin haber calculado el flujo y sin tener un plan de salida.

2. Solicitan financiamiento sin conocer en profundidad las condiciones del crédito o sobreestimando su capacidad de pago. La gran mayoría de las personas que perdieron sus propiedades en Estados Unidos durante la crisis del 2008 hicieron esto: aceptaron créditos con intereses variables que les permitieron pagar las cuotas en los primeros dos años, pero no calcularon a mediano y largo plazo; compraron propiedades a precios muy altos; o los pagos mensuales excedían su capacidad de pago. Sin embargo, los inversionistas que sí conocían las reglas del juego amasaron fortunas durante esa crisis.

3. Administran mal la propiedad, no llevan a cabo el mantenimiento necesario, no eligen bien a los inquilinos y, además, no resuelven los problemas que estos o la propiedad puedan sufrir.

«… es difícil tener flujo positivo con unos intereses tan caros»

Cuando el mercado está alto y los intereses caros, es más difícil encontrar inmuebles que produzcan flujo positivo. No obstante, existen algunas alternativas para mejorar el flujo, como, por ejemplo: aumentar la cuota inicial, negociar mejor los intereses, contratar una hipoteca a más años, pedir un descuento mayor sobre el precio de compra, arrendar por habitaciones o a través de Airbnb, dividir la propiedad...

Aunque la propiedad durante los primeros dos años apenas pague sus gastos de hipoteca, seguro e impuestos, un inquilino te pagará esta deuda y sus intereses, y después la renta comenzará a subir, así como el valor de la propiedad.

No me parece un mal comienzo.

La mejor opción es buscar inmuebles que nos den mejores números en otra zona, en otro barrio, otro pueblo, otra ciudad... Como ya te he dicho, lo importante es buscar, buscar y buscar.

«... me da miedo un crédito a tantos años y tan grande»

Cuando me dicen este argumento yo siempre les pregunto: ¿acaso no tienes un compromiso contigo de vivir en alguna parte? ¿O de buscar comida el resto de tus días? Si puedes pagar una renta y asegurarte tus alimentos también puedes comprarte un inmueble.

Por supuesto, estoy de acuerdo en que lo más cercano al infierno son los créditos que no se pueden pagar, a esos hay que tenerles miedo. Son lo que Kiyosaki llama «créditos malos», aquellos en los cuales ese dinero que se paga desaparece o se devalúa: un viaje, ropa, automóviles, servicios...

Por otro lado, los «créditos buenos» son aquellos cuyo valor aumenta a medida que se pagan o van produciendo ingresos con los cuales pagar la deuda, por ejemplo, los inmuebles.

«… pero soy muy joven… o muy viejo para eso»

La edad no tiene nada que ver. Te puedo poner el ejemplo de Ángela, joven campesina salvadoreña que compró su primera propiedad con tan sólo 17 años y a los 25 ya era financieramente libre.

Si quieres escuchar su historia completa puedes hacerlo en el episodio #49 de mi podcast, titulado «A los 17 años su primer bien, a los 25 libre financieramente».

Muchos de mis estudiantes menores de 25 años ya están comprando propiedades. Por ejemplo, Diego, oriundo de Colombia, tiene 22 años y gana 500 dólares mensuales y, en la actualidad, está comprando su primer inmueble.

Por otro lado, también tengo estudiantes mayores de 60 años que están invirtiendo, sin ir más lejos yo tengo 65 años. Que la edad no sea una justificación.

Pero si aún tienes dudas y alguna parte de ti cree que la edad o las circunstancias son un impedimento para crecer financieramente, permíteme contarte la historia de Mariángeles.

Ella sobrevivió de niña a la guerra civil española y a la persecución política. Enviudó a los 37 años, sacó a cuatro hijos adelante con su trabajo en un pequeño pueblo y compró siete propiedades para crear su renta. Hoy, a sus 90 años, es inversionista de bienes raíces, conduce y vive sola.

No dejes de escuchar esta inspiradora historia en el episodio #139 de mi podcast «Mariángeles, inversionista de 90 años, con costuras creó su patrimonio».

«... no sé hablar el idioma, soy inmigrante y no tengo papeles»

Justo antes de escribir este capítulo, le hice *coaching* a un señor mexicano de 44 años que vive indocumentado en Texas desde hace más de 20 años. Apenas terminó la primaria en México, tiene esposa y dos hijos.

Él trabajaba 12 horas al día como obrero de la construcción ganando 2.000 dólares al mes —que en Estados Unidos es casi un salario mínimo—, no hablaba inglés y pese a esto, tenía siete casas completamente pagadas que le aportaban casi 5.000 dólares de ingreso pasivo y que, si las vendiera hoy mismo, podría conseguir 1.200.000 dólares.

Te garantizo que cualquiera puede lograrlo, si se educa financieramente y está dispuesto a tener paciencia, disciplina y perseverar en el tiempo. No es nada extraordinario, sólo debes saber cómo hacerlo de manera efectiva.

Y no pienses que es un caso aislado o extraño, ahí tenemos a Daniel, quien llegó a Estados Unidos sin visa, sin hablar inglés y el primer trabajo que consiguió fue como barrendero de pisos.

Hoy tiene tres empresas exitosas, es dueño de varios bienes raíces que le producen renta y está pasando a su próximo nivel, con sólo 38 años de edad.

La fórmula es la misma… paso a paso. Los mismos pasos que también TÚ puedes dar.

Escucha cómo Daniel recorrió su camino y qué estrategias fue utilizando en el episodio 123 de mi podcast «De barrendero e ilegal a empresario exitoso».

Y ahora dime, ¿cuáles son los obstáculos que no te permiten comprar un inmueble al año? ¿te das cuenta de que los obstáculos están sólo en tu pensamiento?

Recibe más recursos e ideas de Carlos Devis...

INSCRÍBETE EN

 **www.mipazfinanciera.com**

 **CAPÍTULO 6**

¿MENTALIDAD DE CONSUMIDOR O DE INVERSIONISTA?

«La libertad financiera no la lograrás trabajando más, sino pensando de forma diferente».

¿Por qué otros que trabajan menos y saben menos están mejor?

Hay personas que parecieran tener suerte con el dinero, pues siempre multiplican lo que tienen, y a otras en cambio, parece que el dinero se les escapara como agua entre los dedos, pues, aunque trabajen duro y ganen un buen dinero, sufren por llegar a fin de mes y su única meta es salir de una deuda u otra.

Esto no está relacionado con la suerte sino con pensamientos, valores y acciones muy concretas de las que voy a hablarte.

En mi caso, durante años trabajaba muy duro y ganaba un buen dinero, pero, sin embargo, veía como algunos de mis amigos crecían financieramente cada vez más mientras yo me estancaba.

Me costó décadas de problemas, quiebras, un divorcio y mucho sufrimiento entender cuál era el problema: yo tenía mentalidad de consumidor y mis amigos exitosos tenían mentalidad de inversionista.

Éstas son algunas de las diferencias entre estas dos mentalidades.

Los inversionistas:

Asumen responsabilidades

Autores como Stephen R. Covey, Tony Robbins o Napoleon Hill, entre muchos otros, coinciden en el mismo pensamiento: es imposible crecer si uno no asume su responsabilidad.

Cuando culpas continuamente de tus problemas a otras personas: tu jefe, la empresa, los socios, tus padres, tus parejas... sólo estás consiguiendo llenarte de rabia y de resentimiento, lo que se traga toda tu fuerza y tu creatividad para crecer.

No se puede negar que las circunstancias te afectarán, pero siempre tienes el poder de elegir tu actitud ante ellas. Si reconoces tu responsabilidad ante lo que estás viviendo, tendrás una buena y una mala noticia.

La mala noticia será que todo lo que te ha pasado, bueno o malo, lo has creado, promovido o permitido tú mismo, y la buena noticia será que también **tienes el poder de cambiar todo lo que sucede en tu vida para crear lo que verdaderamente quieres.**

Piensa que probablemente todo lo que has logrado en la vida, aquello de lo que te enorgulleces, lo conseguiste partiendo de la nada y fuiste TÚ quien decidiste, a partir de tus circunstancias —por difíciles que fueran— crear tu sueño y creer en él, aunque pareciera imposible.

Todos tus logros: sacar a tus hijos adelante en una época de escasez económica; superar problemas emocionales, inseguridades y dudas; terminar la carrera sin haber tenido casi tiempo ni dinero; sacar adelante ese proyecto en el que nadie creía; salir de una crisis emocional, económica o de salud cuando sentías que el mundo se derrumbaba a tu alrededor... Todo eso se debió a que TÚ DECIDISTE salir adelante y lo hiciste, no una sino muchas veces más de las que quizás te des cuenta.

¡Ese es tu poder personal!

La palabra «responsabilidad» procede del latín *responsum* y significa tener la habilidad de responder; por eso, cuando tú respondes por lo que decides tienes el PODER de cambiar los resultados, aunque tus circunstancias sean muy difíciles.

Es en esas ocasiones cuando se podrá decir que has asumido un pensamiento de líder o inversionista, ya que estás invirtiendo en tu propia vida, en tu futuro.

Lo contrario de esto sería el pensamiento de víctima, en el cual culpamos a los demás de lo que nos pasa, de nuestros problemas.

Si tengo el mismo problema con varias de las personas que me rodean, si me ha ocurrido lo mismo con algunas relaciones de mi pasado, si mi situación no mejora y caigo en los mismos problemas, culpando a la situación económica del país, a la competencia o a los demás, una y otra vez... tengo que reflexionar y tomar una DECISIÓN.

Tengo dos caminos: elegir no hacer nada y que el patrón se repita de nuevo, o asumir mi responsabilidad, reconocer que lo que YO estoy haciendo no funciona y DECIDIR cambiar, aprender qué necesito hacer para mejorar y llevarlo a cabo.

Desafortunadamente, la mayoría fuimos educados con este pensamiento de víctima y buscamos culpar a los demás por nuestra situación en distintos ámbitos.

- **Financiera:** somos pobres por culpa de los ricos, del país, de los políticos, de los bancos, del gobierno, de los padres, de la pareja, etc.

- **Emocional:** sufrimos por culpa de los otros que no saben hacernos felices, que nos amargan la vida y nos hacen sufrir.

- **Profesional:** no progresamos porque no hay trabajo, porque pagan muy mal, porque no nos dan la oportunidad.

- **Bienes raíces:** no tenemos bienes raíces porque son muy costosos, porque sólo se lo pueden permitir los ricos o porque no me dan créditos.

Éste es un pensamiento pasivo (me vendieron caro, me cobraron mucho interés, me pagaron poco...) y uno de los mayores problemas que provoca es que nos lleva a olvidar que tenemos el PODER de asumir nuestra responsabilidad y cambiar nuestra vida.

Byron Katie, una de mis más queridas maestras, me dijo: **«Somos responsables, pero no somos culpables».** Es decir, tenemos el poder de cambiar, pero no nos lo enseñaron.

Si reflexionas sobre tu vida, estoy seguro de que te darás cuenta que lo has hecho lo mejor que has podido con lo que sabías. Nos enseñaron que la mejor forma de aprender es cayendo, sufriendo, cometiendo errores, y es cierto que es una buena forma, pero también podemos aprender a través de las experiencias de los demás.

¿Para qué aprender perdiendo y sufriendo si podemos conocer las reglas del juego antes de continuar jugando? Esa es la educación financiera.

Por tanto, el primer paso para crecer financieramente es reconocer los errores, aceptar la responsabilidad. Si quieres aprender a invertir en bienes raíces, busca a personas que ya tienen propiedades en arriendo, que saben lo que están haciendo, que comenzaron desde cero o con menos dinero que tú.

Si quieres mejorar tus relaciones busca a personas que tengan mejores relaciones que las tuyas y aprende de ellas: modela su pensamiento, sus valores, sus acciones.

Crean riqueza manejando los ingresos

En mi época de pensamiento de consumidor siempre estaba pendiente del próximo negocio increíble que montaría y que me sacaría de todos mis problemas y me daría tranquilidad. Por eso me endeudaba con frecuencia para invertir en «negocios» que creía que me darían mucho dinero.

No me planteaba cuidar mis gastos porque al final siempre conseguía pagar mis compromisos, aunque fuera con un gran coste económico, pues no tenía visión de largo plazo y no me importaba qué intereses pagaba o en qué gastos incurría con tal de salir del problema.

Cuanto más ganaba, más gastaba y, por lo tanto, más gastos fijos creaba. Y como ya sabrás, una vez que se han creado los gastos es muy difícil bajarlos; cuando hemos acostumbrado a nuestra familia a un nivel de vida es complicado volver a un nivel inferior.

Por esta razón yo creía que lo correcto era aumentar mis ingresos, aunque lo hiciera generando deudas y problemas. Cuando entendí el juego me di cuenta de que la base real y sólida para crecer financieramente es cuidar los gastos, mantener los presupuestos y gastar menos dinero del que entra.

Hasta que no aprendí esto no conseguí tener tranquilidad ni pude progresar en mis finanzas, tanto personales como empresariales.

Debemos entender que **la verdadera base de la riqueza comienza con controlar los gastos**. Por ejemplo, mi amigo Hernando ha sido mayordomo durante más de 40 años en la finca de mi amigo Robert, que es empresario.

El sueldo de Hernando siempre ha sido el mismo: algo más del salario mínimo en Colombia, y, sin embargo, hoy tiene un patrimonio de más de 2.000.000 de dólares, varias fincas, un par de hoteles en su pueblo y aún conserva su puesto de mayordomo.

Su secreto ha sido manejar su presupuesto e invertir en bienes raíces. Si te interesa la historia completa, puedes escucharla en mi podcast: «Ingresos reales con bienes raíces», episodio #11 Cómo creé una fortuna mientras ganaba el salario mínimo.

Piensa en cuántas personas conoces que ganan menos que tú pero que tienen más. Te puedo asegurar, con casi total certidumbre, que es porque aplican esta forma de pensar en sus vidas.

Logran su libertad financiera con activos que produzcan ingresos pasivos

En primer lugar, debemos entender la diferencia entre ingresos activos e ingresos pasivos.

Los ingresos activos son aquellos que recibes por tu trabajo cuando cambias tu tiempo por dinero y, en cambio, los ingresos pasivos son aquellos que obtienes sin tener que invertir tiempo, que se producen de manera automática sin que sea necesaria tu presencia física.

Cuando a las personas que no conocen las reglas del juego financiero les niegan un préstamo en el banco, siempre se sorprenden. Piensan «no entiendo por qué me lo negaron si tengo una casa, una finca y unos carros que valen tanto...». Pero, como dice Kiyosaki en su espectacular libro *Padre rico, padre pobre*, la casa, la finca y el automóvil no son activos sino pasivos, puesto que generan gastos, no ingresos.

Si tengo activos y no tengo ingresos pasivos, al final, terminaré comiéndome el capital para cubrir los gastos; mientras que si tengo activos que produzcan ingresos, paguen sus gastos y me produzcan flujo, podré crecer sin tocar el capital.

En mis cursos les suelo hacer la siguiente pregunta a mis estudiantes: «¿Qué prefieres, 200.000 dólares en efectivo ahora mismo o 2.000 dólares mensuales durante toda tu vida?»

Aquellos que tienen pensamiento de consumidor me responden que querrían los 200.000 ahora, y lo más seguro es que si les diesen realmente ese dinero lo gastarían en muy poco tiempo.

En cambio, aquellos que tienen mentalidad de inversionista, responden que prefieren los 2.000 dólares mensuales, porque saben que es una rentabilidad del 12%, muy buena y difícil de conseguir.

Piensan a largo plazo

Aquel que tenga pensamiento de consumidor siempre dirá frases como estas:

- «A mí nadie me quita lo bailado».

- «El dinero no me lo voy a poder llevar cuando me muera».

- «Ahora lo que me importa es salir de las deudas, por eso no puedo ahorrar».

- «Uno trabaja duro para vivir bien, para darse gusto».

- «Qué importa pagar un 2% ó 3% de interés si el 97% restante es para mí».

- «Ya casi he terminado de pagar la cuota de... por lo que voy a endeudarme para conseguir...».

Estos pensamientos llevan a gastar por razones emocionales, sin pensar realmente en el futuro, endeudándose para el consumo o para gastos que no valdrán nada más adelante: un carro, un viaje, ropa de marca, restaurantes... Es el camino de la esclavitud financiera.

Mientras que, quien tiene pensamiento de inversionista y crece financieramente diría frases más parecidas a las siguientes:

- «Me sacrifico ahora para después tener tranquilidad».

- «No puedo gastar en eso porque no está en mi presupuesto».

- «Este dinero lo voy a utilizar para ganar algo de intereses».

- «Si gano más, ahorro más. No necesito más para vivir bien».

- «Qué me importa lo que diga la gente. Si no puedo, no puedo».

Quien piensa de esta manera mantiene sus gastos controlados, da mayor importancia a la tranquilidad que a la apariencia o a los gustos pasajeros, no gasta o invierte por lo que le digan los demás, sino por lo que considera una prioridad.

No se deja seducir por la promoción o el descuento, es fiel a su presupuesto. Este es el camino de la libertad financiera.

Valoran los pequeños pasos

Estas son frases típicas de personas con pensamiento de consumidor:

- «¿Para qué me voy a matar estudiando si no pagan nada?».

- «Dos dólares al día no sirven para nada».

- «¿Para qué ahorro si lo que puedo ahorrar es una miseria?».

Estos pensamientos llevan a no progresar, a no esforzarse en mejorar, a no cuidar los gastos ni los pequeños ingresos. 2 dólares al día son 60 dólares al mes, o sea, 720 dólares al año.

Si me quedan 200 dólares mensuales por un arriendo, se convierten en 2.400 dólares anuales, a lo que hay que añadir la valorización del inmueble y demás ventajas de una propiedad que se renta.

Al que tiene pensamiento de inversionista le escucharemos afirmaciones más parecidas a éstas:

- «Me llevo el almuerzo de casa al trabajo y así me ahorro 5 dólares al día, que serán casi 1.200 dólares al año».

- «Tengo esa casita que me da un beneficio de 200 dólares mensuales, que serán 1.200 anuales y no tengo que hacer nada. Además, el arriendo subirá cada año, si lo sumamos a la valorización... esta casa acabará dándome el dinero suficiente para comprarme otra».

- «Después del trabajo me encanta estudiar y aprender cosas nuevas. Me gusta aprender algo útil cada día, pues eso me ayudará a progresar y a encontrar mejores oportunidades».

Para profundizar en estas cuestiones, escucha el episodio #23 «Cómo usar el efecto dominó para crecer financieramente», de mi podcast, en el que hablamos de la gran diferencia que puede marcar en nuestro futuro dar un pequeño paso cada día.

Miden los resultados diariamente

La mayoría de las personas desconocen muchas cosas que son importantes para sus finanzas. Por ejemplo, cuál es el saldo de su hipoteca, qué interés están pagando, cuánto les cobran en sus tarjetas de crédito, qué cantidad tienen en su fondo de pensiones, cuánto podrían ahorrar diariamente, cuáles son los gastos reales y exactos de su negocio, cuánta utilidad o pérdida les da cada cliente o cada empleado...

Normalmente excusan este desconocimiento diciendo que les aburren los números o que no saben de finanzas. **Aquel que sabe enfocarse en sus números logrará una enorme diferencia en sus resultados financieros y tomará mejores decisiones**; por el contrario, quien no los conoce avanza como si llevara una venda en los ojos.

Medir los resultados diariamente te permitirá crear un mapa que te ayudará a establecer con mayor porcentaje de éxito tus pasos a seguir.

Tienen metas y las cumplen

Trabajar duro y recibir ingresos sin tener las metas claras hace que vivamos sólo para pagar las cuentas. Las personas con pensamiento de inversionista tienen una meta de ingresos anuales, de ahorros, de inversiones y de rentabilidad y se comprometen a cumplirla.

Por ejemplo: tu meta es ahorrar el 10% de los ingresos y ganar de manera adicional al menos el 10% del ingreso mensual con trabajos extras. Así, podrás permitirte ahorrar el 20% de los ingresos mensuales, lo que anualmente resulta en casi dos meses de ingresos adicionales ahorrados por año.

Con este dinero podrías pagar la cuota inicial de una propiedad que te diera un 6% o más de rentabilidad al año.

Otra manera es que una vez tengas un presupuesto de gastos te mantengas en él y ahorres todo el dinero adicional que te ingrese.

Tener metas financieras realistas te ayuda a encontrar una dirección, estimula la creatividad, la seguridad personal y el descubrimiento y cultivo de cualidades, que, de otra manera, se adormecerán y se perderán entre la rutina y la pasividad.

Quien tiene las metas claras no cambia de planes con facilidad y sabe decir «no» a aquello que lo aleja de su camino.

Cumplen su palabra

Una de las bases más importantes para crecer financieramente es cumplir lo que uno dice. La palabra «crédito» procede de la palabra latina *credere* (creer), y **la credibilidad es un activo fundamental**: puedes perder todo tu dinero o cometer errores, pero si los demás creen en tu palabra te abrirán de nuevo las puertas.

Por ejemplo, Stephen R. Covey dice en su libro *El factor confianza* que la empresa Enron quebró —como les ha ocurrido a muchas empresas importantes— no cuando se acabaron sus activos financieros, sino cuando las personas dejaron de confiar en ella.

Lo maravilloso es que la confianza y la credibilidad se pueden recuperar con el tiempo. Durante años mi credibilidad estuvo por el piso y pagué un precio muy alto por ello, pero me di cuenta de mis errores, asumí mi responsabilidad y me comprometí por mí mismo a dejar salir la persona que realmente soy, no el ser con pensamiento de consumidor y de víctima.

Cumplen las reglas

Quien tiene pensamiento de inversionista evita los enredos, le gustan las cosas claras y por escrito. Cumple su palabra y las reglas con los bancos, con sus socios y con el gobierno porque sabe que su mayor patrimonio es su credibilidad.

Se educan constantemente

Hace poco leí que una persona cambiará, a lo largo de su vida, al menos siete veces de profesión u oficio. Vivimos en una época de grandes cambios y, por lo general, las personas más exitosas que conozco siempre están intentando conocer todas las novedades de su ámbito, cuál es la mejor tecnología y cómo pueden mejorar con ella.

Aquel que tiene pensamiento de inversionista invierte su tiempo y su dinero en cursos y en viajes que le ayuden a educarse.

Respecto a las finanzas, la educación financiera es una necesidad irreemplazable para acelerar y hacer más seguro el crecimiento financiero. Actualmente podemos encontrar infinidad de recursos: YouTube, documentales, libros, blogs, podcast y muchos cursos online que están al alcance de cualquier presupuesto.

Por lo tanto, en esta época que vivimos quien no se educa financieramente es porque no quiere.

En relación a este tema me viene a la cabeza una frase que me encanta y me parece muy sabia: **«Si piensas que invertir en tu educación financiera es costoso, prueba invertir sin tenerla»**.

Tienen capacidad para manejar el fracaso

Arturo Calle es uno de los empresarios más exitosos y respetados de Colombia y tiene en su propiedad 117 locales en los mejores lugares comerciales. Nos contó su historia y sus inicios, vendiendo camisas en su primer almacén del centro de Bogotá, el cual montó con la ayuda de un pequeño préstamo que le hizo un tío suyo.

Don Arturo dice que aquel fue el primer y único préstamo que ha tenido en su larga y productiva carrera como empresario y cuando le pregunté cuál había sido su principal fracaso en todos estos años, él me respondió: «Ninguno.» Y eso que todos sabemos las profundas crisis económicas, de seguridad y políticas que ha atravesado el país en los últimos treinta años.

Pero Don Arturo busca lo mejor de cada situación, conoce los desafíos y dificultades, pero no utiliza la palabra «fracaso»; habla de aprendizaje, del valor de las personas, de la importancia de la sencillez...

Si te interesa conocer su historia completa puedes encontrarla en el episodio #176 «De Cero a más de 100 locales sin deudas con Arturo Calle».

Aquel que tiene pensamiento de inversionista **convierte los reveses y las crisis en transitorios y enriquecedores,** las pasan y las olvidan lo antes posible. Sin embargo, para el que tiene pensamiento de víctima o de consumidor las crisis son fracasos, mala suerte, y las dejan ser parte de su historia durante años, acusándolas de ser las causantes de su parálisis o retroceso. No saben mirar hacia dentro y asumir su propia responsabilidad, y, por lo tanto, no aprenden de sus errores y no saben seguir adelante.

Se enfocan más en el QUÉ que en el CÓMO.

Un ejemplo de pensamiento de consumidor sería: «¿Cómo puedo comprar bienes raíces si no tengo dinero ni crédito?» Es decir, ponen el enfoque en los medios (dinero o crédito) y no en los resultados.

Sin embargo, el pensamiento de inversionista se centra en la meta, en los objetivos y se pregunta cómo los puede lograr.

Si a tu mente le pones claro QUÉ quieres, ella siempre va a encontrar el CÓMO. Si lo piensas, ¿no ha sido así cómo has logrado los resultados importantes en tu vida? No tenías ni idea de cómo lo lograrías, pero TU DETERMINACIÓN para alcanzar la meta fue la que te ayudó a encontrar los medios necesarios.

Haz la prueba: como ensayo, proponte comprar una propiedad de inversión cada año. Al principio notarás cómo tus pensamientos te dicen que es imposible, pero si mantienes el foco, tu mente lo verá cada vez más claro. Y si, además, aprendes las estrategias que te explicaré en este libro para hacerlo, cada vez lo verás más posible.

Recibe más recursos e ideas de Carlos Devis…

INSCRÍBETE EN

 **www.mipazfinanciera.com**

CAPÍTULO 7

12 PASOS SIMPLES PARA EMPEZAR A INVERTIR EN INMUEBLES

«Estos pasos han cambiado la vida financiera de miles de personas y tú lo puedes hacer».

Invertir en inmuebles no tiene mayor dificultad. Se trata simplemente de saber qué se debe hacer y, sobre todo, de saber qué no se debe hacer. En este capítulo veremos 12 pasos muy simples para acertar en nuestras inversiones inmobiliarias.

1- Edúcate financieramente

Cuando a principios del siglo XVI llegó a Europa la leyenda del tesoro de El Dorado, innumerables expediciones partieron para América en su búsqueda. Querían el oro porque habían escuchado que los indios lo usaban para cubrir su cuerpo. Literalmente «se forraban en oro». Decían las historias que había una laguna repleta de tesoros y, creyéndose el rumor, los aventureros invertían su dinero en barcos, comida, soldados y armas y zarpaban a su búsqueda.

Por otro lado, los bancos alemanes daban préstamos para financiar las expediciones y los armadores de barcos y los vendedores de armas ganaban sin importar si los aventureros finalmente tenían éxito o no.

Los inversionistas aventureros «se preparaban» durante años para ir a buscar el tesoro y arriesgaban su dinero y hasta sus vidas, pero, en realidad, no sabían dónde buscar, qué buscar ni cuánto tiempo les tomaría. En definitiva, no sabían qué problemas podrían encontrar y muchas veces ni siquiera sabían cómo regresarían a Europa si las cosas salían mal.

Quienes hicieron fortunas con la conquista, y además las mantuvieron, no fueron los aventureros, sino aquellos que tenían un plan, una estrategia, aquellos que calculaban sus riesgos, aquellos que sabían cuánto podían ganar o perder. Y sabían qué debían hacer y qué no debían hacer en todo momento. El banquero sabía que no construiría barcos y el armador de barcos sabía que no prestaría dinero, pues no era banquero. Ambos tenían algo claro: no eran aventureros.

En nuestra sociedad invertimos entre 10 y 20 años estudiando, para ello las familias se endeudan y hacen sacrificios enormes y, un día, nos dan un diploma y al siguiente tenemos que partir en la búsqueda de «El Dorado». Para muchos uno de los objetivos del sistema educativo es crear seguridad financiera, pues se estudia para estar mejor económicamente, y eso implicaría saber cómo ganar dinero, manejarlo bien y multiplicarlo, pero la realidad es otra.

Nos preparan para ser abogados, médicos, ingenieros, técnicos y un largo etc., pero no nos forman para saber ganar, acumular y gestionar nuestro dinero. Si, además, con aquello que hemos estudiado no nos podemos ganar la vida, lo que hacemos es seguir estudiando, por ejemplo, una especialización, gastando más dinero y más tiempo, esperando encontrar un trabajo en el que nos vaya bien y nos «forremos de oro».

Si de pronto encontramos un buen trabajo, nos cuesta horrores ahorrar algún dinero e invertirlo en algo que tenga sentido, pues estamos demasiado ocupados trabajando duro. No nos tomamos el tiempo para aprender cómo hacerlo bien y acabamos invirtiéndolo mal. Tal vez en aventureros que están en su propia búsqueda de El

Dorado o en negocios que nos proponen nuestros familiares o amigos y del que nada sabemos, más allá de lo que nos cuentan ellos mismos (que en realidad sólo han oído historias) acerca de lo mucho que van a ganar con tal o cual negocio.

Terminamos como los aventureros que se iban a América: sin saber mucho, sin conocer los detalles ni los riesgos, sin tener metas claras ni conocer los pasos para lograrlas y sin tener ninguna estrategia de salida por si algo no sale bien.

Yo no soy la excepción. Durante décadas manejé mis inversiones como un aventurero, como si estuviera tirando los dados, pensando que como era bueno ganando dinero en algo, lo sería también en otro negocio. Yo ahorré muchas veces, pero no sabía cómo ni en qué invertir. Mucho menos sabía cómo manejar mis inversiones, porque si estaba de suerte y ganaba algo, me gastaba ese dinero o me ponía ambicioso y apostaba el doble; y si perdía, me endeudaba para «salvar» mi inversión. No tenía ni la más remota idea de lo que estaba haciendo.

En este momento de mi vida, después de tantos fracasos y sufrimientos por el dinero, me di cuenta de que muchos de estos errores los hubiera podido evitar si alguien me hubiera enseñado a pensar como inversionista, a manejar mi dinero, a ahorrar, a aprender en qué invertir, en qué no invertir, a administrar mis inversiones con los menores riesgos y evitando los dramas de la aventura de buscar El Dorado.

Desde que me eduqué financieramente, no sólo para manejar bien mi dinero y ahorrar, sino para invertir y manejar mis inversiones, las cosas han cambiado. Ahora, a la hora de invertir, ya no voy a la aventura. Ahora uso un GPS para mis inversiones. De este modo sé precisamente dónde quiero llegar, a qué distancia está, qué ruta alternativa tomar si hay mucho tráfico, cuál es mi velocidad, cuándo hay un accidente o cuándo hay un radar de velocidad. Sé todo lo que necesito saber para llegar al destino sin incidentes y de la forma más rápida y eficaz posible.

Y tú, ¿qué eres? ¿Un aventurero en la búsqueda de El Dorado o un inversor que viaja con su GPS?

Yo sé que, si me pones en cualquier país, sin un sólo centavo y sin conocer a nadie, en tres o cuatro años sería dueño de varias propiedades y, con seguridad, lo mismo podrán decir muchos de mis estudiantes. Te digo esto, no con arrogancia, sino con el entusiasmo de que hoy, TÚ lo puedes aprender.

2- Organiza tus finanzas personales

El corazón de tu negocio son tus finanzas personales. O las organizas bien, gastando menos de lo que ingresas, minimizando riesgos, con un colchón de seguridad y sabiendo en todo momento cuál es la situación de tu balance, o tu crecimiento financiero será imposible, aunque se muera tu tía rica y te deje una fortuna. El único camino para que tu dinero crezca es organizando inteligentemente tus finanzas.

También debes trazar un plan hacia tu libertad financiera que sea realista, coherente, con números, detallado y que te genere entusiasmo y compromiso. No debe ser una promesa de año nuevo basada en falsas expectativas, sino un plan meticuloso y aterrizado. ¿Cómo sabes si el plan es correcto? Lo sabrás si eres capaz de explicárselo a un inversionista en menos de cinco minutos. Sólo explicándolo tú mismo te darás cuenta de si es un plan sólido o si reposa sobre arenas movedizas.

3- Entiende los números

A mis estudiantes les repito una y otra vez la misma frase: «No te enamores de un inmueble, enamórate de sus números». Si entiendes los números sabrás qué preguntar, qué calcular, qué prever y ello hará que tus decisiones sean muy sencillas. Yo he llegado a comprar inmuebles estando en otro país y comunicándome con el vendedor por SMS. Sé qué debo preguntar y qué debo calcular. Entiendo los números y esto es lo primero que tú debes hacer.

Tal vez «tu loca de la casa» (tu pensamiento caótico) empiece a gritarte que no sabes nada de números. Déjame mostrarte con un claro ejemplo que, para variar, no tiene razón, sólo miedo. ¿Piensas que los números no te entran, que te cuestan mucho?

Veamos un ejemplo y, si lo entiendes, podrás crear un patrimonio con bienes raíces: si me prestas 1.000 dólares y te devuelvo 800 me dirás que faltan 200, ¿correcto? ¿Y si te digo que te subirán el sueldo un 10% pero en realidad te lo suben sólo un 7%, te darás cuenta enseguida? Si no sabes hacer los cálculos en tu cabeza, tomas tu calculadora y en 10 segundos sabrás el resultado.

¡Listo, no hay nada más que entender! Si has comprendido, tienes todo lo que se necesita para comprar y ganar con bienes raíces.

4- Elige un área geográfica

Un inversionista exitoso no invierte en cualquier parte sólo porque alguien le diga que es un gran negocio o bien porque encuentra una ganga en Internet. Hay que saber especializarse en un área en concreto.

En mi caso no compro nunca inmuebles que estén a más de 45 minutos en coche de mi casa. No quiero tener que tomar un avión, rogar o sobrepagar a personas a la distancia cuando se rompe una tubería o tienes que ir a revisar los desperfectos. Busca un barrio, un área o una zona geográfica y enfócate en ella.

5- Elige un nicho de negocio

Hay muchas opciones para invertir en bienes raíces: casas, apartamentos, bodegas, locales, lotes, fincas, *parkings*, etc. Cada tipo de inmueble tiene ventajas y desventajas y cada tipo de inversión tiene sus particularidades. Enfócate en UNA opción e invierte sólo en ella. A mayor información y mayor conocimiento, más garantías de éxito.

6- Busca, busca y busca

Las gangas tienen dos particularidades: son baratas y difíciles de encontrar. Tienes que encontrarlas, pero para ello tienes que buscar mucho, buscar sin parar, sin desfallecer. Mis estudiantes suelen decirme «aquí el mercado está muy caro». Yo les respondo: «Si con los miles y miles de inmuebles que hay en tu ciudad no eres capaz de encontrar una ganga es que no estás buscando bien o no has buscado lo suficiente».

7- Diseña una estrategia financiera

Este, como cualquier otro buen negocio, requiere preparación y planificación. Antes de comprar prepara un plan financiero en que se incluyan todos los detalles. ¿Con cuánto dinero cuentas? ¿Pagarás con crédito o en efectivo? ¿Si necesitas que el propietario te financie, qué le ofrecerás? ¿Una vez seas el propietario del inmueble, qué rendimiento obtendrás?

8- Enfócate en el flujo

¿Cuántos negocios o personas con grandes activos se quiebran porque no tienen liquidez? ¿Cuántas veces en tu vida te has metido en problemas porque tienes una cuenta urgente que pagar y no tienes dinero en el banco, aunque tengas una casa que vale mucho o tengas gente que te deba bastante dinero o lotes que valgan una fortuna?

Las personas que corren el riesgo de quebrarse son aquellas que piensan que la libertad financiera está en tener activos, patrimonio. ¡No! La libertad financiera está en tener, mes tras mes, un ingreso que me permita cubrir mis gastos, sin que me tenga que comer mis cosas, mis activos.

Un buen inversionista gana independientemente de si el mercado sube o baja, pues todo depende del flujo mensual. De hecho, si el flujo mensual es positivo, puedes incluso comprar inmuebles cuyo precio sea mayor al precio del mercado.

Entonces, si me ofrecen una casa que está 10% por encima del precio del mercado, pero yo sé que la puedo dividir en 4 apartamentos que me darán una rentabilidad de más del 15% sobre el dinero que yo invierta en la compra, escritura y remodelación, yo compraría esa casa. ¿Por qué? Porque mi enfoque no está en el precio de la propiedad, yo busco que los arriendos paguen la hipoteca y los gastos y me quede flujo positivo.

Por otro lado, supongamos que me ofrecen una casa con 30% ó 40% de descuento. Aunque suene muy tentadora, sí sé que será difícil de arrendar y lo que pueda cobrar no pagará la hipoteca, los gastos de impuestos y seguros, y no me dará algo de flujo positivo, no compraré esa propiedad. Tendría que subsidiarla mes a mes y cuando tenga que pagar la hipoteca de nada me habrá servido el hecho de haberla comprado con descuento.

9- Compra bien

Al invertir en inmuebles debes tener siempre presente que el negocio se hace cuando se compra, no cuando se vende. Cuando vendemos sólo estamos liquidando un buen negocio.

Aquellas personas que compran porque creen que los precios van a subir están jugando a los dados con su dinero y confunden devaluación con utilidad.

Si hoy compramos con un 30% ó 40% de descuento y el inmueble paga la hipoteca, los impuestos y los gastos, podemos permitirnos que el mercado baje, pues tendremos un margen muy amplio para mantenernos. Durante este tiempo podremos arrendarlo, lo cual nos permitirá mantener la inversión durante décadas.

Por esto es importante que el inmueble se arriende fácil, aunque el mercado suba o baje, esta es la razón por la que me gusta la inversión en áreas populares o estratos medios para los que siempre habrá abundancia de personas que quieran arrendar.

10- Arrienda bien

La gran mayoría de problemas con inquilinos se dan porque se eligieron mal, porque se les arrendó por ayudarlos, no se investigaron bien o no se hicieron los contratos y garantías adecuadamente.

En mi opinión es irresponsable arrendar una propiedad de 50.000, 100.000, 200.000 dólares o más a alguien de quien no se está seguro que la va a cuidar o a pagar cumplidamente.

11- Trata cada propiedad como si fuera un negocio independiente

Quienes pierden sus propiedades es o porque no manejan bien sus finanzas personales o porque no las administran bien. Un inmueble hay que mantenerlo, cuidarlo, el flujo del arriendo se debe administrar aparte, hacer presupuesto y cuidar el flujo como un tesoro, y las ganancias se deben ahorrar para invertirlas en la cuota inicial del siguiente inmueble que vayamos a comprar.

¿Cuidas, con la misma responsabilidad y diligencia, el dinero de tu jefe o tu empresa que el tuyo? ¿Tienes unas cuentas en detalle de lo que manejas de otros y de lo tuyo? ¿Las cuentas las tienes en la cabeza? Si tu respuesta a esta última pregunta es Sí... ¿Crees que esto es justo contigo y con tu familia? ¿Te educas para manejar lo de otros y no para manejar lo tuyo?

12-Repite el ciclo

Una vez has aprendido todo lo que se debe hacer y todo lo que no se debe hacer es tan sencillo como repetirlo una y otra vez. Recuerda, UN INMUEBLE AL AÑO NO HACE DAÑO.

Más adelante en este libro, te iré contando cómo llevar adelante estos 12 pasos brindándote estrategias para cada uno de ellos.

Tu próximo paso...

Elige el área geográfica, el nicho inmobiliario y luego... a buscar, buscar y buscar.

Necesitarás tres herramientas:
- un mapa de tu ciudad

- una calculadora básica
- acceso a internet para revisar las plataformas de venta de inmuebles en tu localidad.

Las tres herramientas ya las tienes en tu teléfono celular, así que, ¡manos a la obra!

Mapa: busca los sitios que te puedan interesar, preferentemente cerca del lugar donde vives.

Plataformas de venta: busca inmuebles y toma nota de sus características, área, comodidades, acabados, antigüedad, precio, etc.

Calculadora: compara las propiedades calculando el precio del metro cuadrado. Para ello, divide el valor de la propiedad entre los m^2 que posee. Agrega esos valores a la lista anterior.

En el Capítulo 17 «Cómo estructurar una oferta seria para una propiedad de inversión», aprenderás a manejar la calculadora en detalle. Por el momento, la información que consigas, te orientará y te ayudará a elegir el área geográfica y el nicho en que quieres trabajar.

La idea es que aprendas a buscar, y a buscar, y a buscar otro poco, y cuando hayas buscado lo suficiente, busca algo más; recuerda… al final, el que busca encuentra.

Recibe más recursos e ideas de Carlos Devis...

INSCRÍBETE EN

 **www.mipazfinanciera.com**

🏠 SEGUNDA PARTE

GESTIONA TUS FINANZAS PERSONALES

CAPÍTULO 8

COMIENZA CON EL FIN EN MENTE

«El dinero no te dará paz.
Decidir tu paz es una decisión de cada minuto, tengas o no tengas».

«Quiero salir de deudas para poder estar tranquilo».

«Espero ganar ese dinero para poder salir de mis problemas».

«Quiero ingresos pasivos para poder vivir mi vida como quiero».

«Los problemas de dinero no me dejan estar en paz».

Cuántas veces me repetí esas frases y otras parecidas pensando que el dinero me ayudaría a lograr la tranquilidad y la paz... pero no podía estar más equivocado.

Durante mis cursos les digo a mis alumnos lo siguiente: «Levanta la mano si al pensar en los esfuerzos que haces todos los días por trabajar, darle lo mejor a tu familia y ser una buena persona, tu objetivo final es estar en paz». Y siempre, después de un corto silencio durante el cual reflexionan, la gran mayoría de personas levanta la mano.

Tú, ¿la levantarías?

Yo me di cuenta bastante tarde en la vida de que el dinero no me daba paz, me daba sufrimiento. Cuando no lo tenía sufría por no tenerlo, y cuando lo tenía sufría porque pensaba que iba a perderlo o porque quería multiplicarlo.

Cuando tenía un problema de dinero y me preguntaba de dónde iba a sacar para pagar algo o cómo iba a tapar un agujero, la «loca de la casa» (mis pensamientos caóticos) siempre me empujaba a apagar los incendios lo más rápido posible, sin medir realmente las consecuencias ni los costos. Esto, por supuesto, hacía que mi problema se fuese complicando cada vez más y agrandaba mi tensión y mi angustia.

Pensaba que lo que me angustiaba era la falta de dinero, pero realmente eran mis pensamientos acerca del dinero.

Para mí no era importante elegir la paz como algo en que centrar mis pensamientos. Antes mi intención era buena: pagar las deudas y cumplir con mis compromisos de cualquier manera, pero el método que utilizaba era básicamente intentar apagar un incendio con gasolina.

Piénsalo así, si cada vez que estoy angustiado o tengo una gran tensión, me tomo un trago o una pastilla para tranquilizarme, fácilmente puedo acabar convirtiéndome en un adicto o un alcohólico.

Sin embargo, si cuando estoy angustiado observo mis pensamientos, las decisiones que me están causando esa tensión y decido alejarme de ellas o manejar la situación de una manera diferente, estaré resolviendo mi problema desde la causa, lo que ayudará a mi tranquilidad.

Otro ejemplo: si tuvieras un bebé, ¿le darías una pastilla para dormir cada vez que llorase? No, ¿verdad? Porque sabes que así le arruinarías la vida.

Lo que harías sería intentar encontrar la causa del llanto: si tiene hambre, si necesita que le cambies el pañal o le duele algo. Aunque trasnoches y te cueste un gran esfuerzo, buscarás la CAUSA del problema y lo resolverás, así tu bebé será una persona saludable cuando crezca. Eso sería tomar HOY una pequeña decisión con visión de largo plazo.

Lo mismo ocurre con el dinero, si cada vez que tengo un problema económico pienso en trabajar más o en endeudarme en vez de en intentar reducir mis gastos y ajustar mi nivel de vida a mis posibilidades reales, acabaré volviéndome adicto al trabajo o a las deudas y acabaré en problemas.

Por eso mismo, todos los días me hago la misma pregunta:

¿Qué decisión puedo tomar HOY que a largo plazo vaya a proporcionarme una mayor paz?

Si quiero resolver mi situación económica a largo plazo el único momento que tengo para hacerlo es HOY. Si no, ¿cuándo? No hay mejor momento que el presente para empezar a tomar decisiones con visión de largo plazo.

«Voy a un restaurante y pago con la tarjeta de crédito».

«Compro esa casa tan bonita y ya veré cómo voy pagando la hipoteca».

«Compro este automóvil que me encanta y ahora mismo puedo ir pagándolo con mi sueldo, ya veré qué hacer si me despiden».

«Me saco esta tarjeta de crédito porque me dan buen cupo».

«Si mi pareja y yo trabajamos duro, podríamos pagar la hipoteca de esta casa que nos gusta tanto».

Si tu objetivo principal es estar en paz, tener libertad financiera, disfrutar y cuidar de tu familia, estas situaciones que acabo de reflejar deberían desaparecer de tu vida.

Piensa, ¿cuáles son las decisiones que podrías tomar HOY para dejar de hacer eso que te aleja de lograr tu objetivo de tener paz?

Recibe más recursos e ideas de Carlos Devis...

INSCRÍBETE EN

 **www.mipazfinanciera.com**

# CAPÍTULO 9

LOS SECRETOS DE LOS MILLONARIOS: LOS MITOS FALSOS DE LA RIQUEZA

«Los millonarios que duran como millonarios hacen más importante su tranquilidad y seguridad financiera que la apariencia».

La mayoría de los millonarios no viven como aparece en la televisión, eso es más bien cosa de los «ricos pobres», esas personas que quieren dar una apariencia de riqueza y que sufren cada mes por pagar las cuentas y mantener ese estilo de vida.

Ellas dan más importancia a la apariencia o a la aprobación de los demás que a su seguridad, su paz y la de su familia.

No tengo nada en contra de ellos (¡yo fui así!) y la inmensa mayoría son buenas personas que «quieren darle lo mejor a su familia» y creen que esa es la manera de hacerlo porque son analfabetos financieros y compraron la idea de que el éxito financiero es tener lo que otros quieren.

Los «ricos pobres» sufren más de lo que disfrutan su nivel de vida, pues saben que sus ingresos pueden cambiar en cualquier momento y esto les provoca una gran angustia. Y puede cambiar porque son como un gran árbol sin raíces bien asentadas en el suelo, al que un viento fuerte, una tormenta o un cambio de clima, puede tumbar o afectar de manera sustancial.

En 1996 Thomas Stanley y William Danko estudiaron los hábitos de vida y valores de miles de millonarios de Estados Unidos y publicaron sus resultados y conclusiones en el libro *El millonario de la puerta de al lado*. Estos resultados resultan vigentes aún hoy en día.

En mi experiencia, trabajando desde hace más de cuarenta años con personas de todos los niveles económicos y educativos de casi todos los países del continente americano, he aprendido que los resultados del libro son correctos y que la mayoría de personas que cuentan con una fortuna mayor de un millón de dólares cuentan con estas características.

- El estudio, entre otras cosas, nos arroja las siguientes estadísticas: El 95% de las personas entrevistadas que tienen más de un millón de dólares neto (después de pagar deudas) son personas casadas, en la que una de las partes aporta el 80% de los ingresos.

- El 66% son empresarios, emprendedores o profesionales (médicos, contadores, abogados, etc.).

- El 34% son empleados (aunque cueste creerlo, se puede ser millonario siendo empleado).

- Muchas de las empresas que tienen podrían calificarse como «aburridas»: empresas de seguros, contratistas, agricultores, pequeños comerciantes...

- Aproximadamente en el 50% de esos hogares, la mujer no trabaja por fuera o apoya el negocio desde la casa.

- Los ingresos mensuales no son altos, pero su enfoque está en el manejo de los gastos.

- La mayoría vive en la misma casa desde hace años, aunque hubieran podido cambiarla muchas veces (Warren Buffett, uno de los hombres más ricos del mundo, vive en la misma casa desde hace 40 años y maneja el mismo automóvil desde hace más de 10).

- El 80% de los millonarios vienen de familias pobres o con muchas limitaciones financieras y nunca se sintieron en desventaja o resentidos por no haber recibido herencia alguna. En realidad, consideran su situación previa como una ventaja porque dicen que les ayuda a valorar lo que tienen.

- Viven muy por debajo de sus posibilidades y sólo una minoría tiene automóviles de último modelo. La gran mayoría maneja los mismos autos durante años y nunca usan el *leasing* o el pago a crédito.

- El 82% de las mujeres vive según el lema «La caridad empieza por casa». Son planificadoras y meticulosas en presupuestar y son conservadoras con el dinero.

- La mayoría tiene un fondo de emergencia para vivir sin trabajar durante 10 años o más. Ahorran, como mínimo, el 15% de sus ingresos.

- Tienen un nivel de riqueza seis veces y media superior a los vecinos del barrio, porque tal vez eligieron hacer más importante la riqueza y la seguridad que el estatus o la apariencia.

- Como grupo tienen un buen nivel educativo. El 80% ha terminado una carrera universitaria. Valoran la educación permanente y están siempre tomando cursos y actualizándose. Además, la consideran divertida y una muy buena inversión. Destinan gran parte de sus ingresos a su educación y a la de su familia.

- Invierten al menos el 15% de sus ingresos, pero están educados para saber en qué hacerlo y eso les da la libertad de tomar sus propias decisiones.

- En general, piensan que las hijas mujeres están en desventaja desde el punto de vista económico con los hombres. Por un lado, en el mercado laboral les pagan menos. Por el otro, si se separan, además del tema económico, quedan a cargo de la parte más grande de la crianza de los hijos. Por estas razones, tienden a ayudar más a las hijas mujeres, pues suponen que los hombres no necesitarán un subsidio de los padres.

- Se los suele catalogar como «tacaños» (al menos así les dicen los parientes y amigos). La realidad es que viven con sencillez y no les interesa porque hacen más importante su seguridad financiera y la de su familia que la opinión de los demás.

- Disfrutan mucho más de sentirse dueños de un buen capital y liquidez que ostentando un estilo de vida de alto consumo.

Tu próximo paso…

Después de observar todos estos aspectos reflexiona sobre las siguientes preguntas:

- ¿Qué hábitos financieros tienes tú que sean similares a los de estos millonarios?

- ¿Qué hábitos financieros tienes que te alejan de vivir como estos millonarios?

- ¿Cuáles son las consecuencias de estos hábitos en tu vida?

Recibe más recursos e ideas de Carlos Devis...

INSCRÍBETE EN

 **www.mipazfinanciera.com**

 # CAPÍTULO 10

NO ESTOY TAN MAL: SALIR DE LA NEGACIÓN

«¿Cuántos días podría tu familia mantener el nivel actual de vida si hoy no pudieras volver a trabajar?».

Me gustaría que pensaras por un momento en esas personas cercanas a ti que han muerto en los últimos años. La última vez que los viste, que les hablaste ¿sabías que era la última vez?

Supongo que en muchos casos tu respuesta será que no, que te sorprendió la noticia de su muerte y ni te imaginabas en aquel momento que algo así podía pasar.

Desafortunadamente, la vida no nos avisa con antelación del momento exacto del *check-out*. Sin embargo, la sorpresa o las consecuencias no las sufre el que se va, sino aquellos que se quedan.

Por eso, te invito a hacerte a ti mismo las siguientes preguntas:

Si murieses hoy o no pudieras trabajar más, ¿qué le pasaría económicamente a tu familia?

- ¿Tendrían que mudarse de su lugar de residencia actual?

- ¿Podrían seguir en la misma escuela, colegio o universidad?

- ¿Tendrían que ponerse a trabajar?

- ¿Tendrían dinero para pagar tus deudas?

- ¿Y qué pasaría si no tienen dinero para pagarlas?

- ¿Sobre quién recaería la responsabilidad financiera que hoy atiendes tú?

- ¿Podría esa persona manejar la situación?

- ¿Cómo afectaría a su vida cotidiana si de pronto tuviese que asumir lo que en la actualidad cubres tú?

Una manera sencilla de resolver esta cuestión es calcular tus gastos mensuales y dividirlos por treinta, los días del mes. El resultado será la cantidad que tu familia necesita de tu parte para mantener el nivel de vida actual.

Veámoslo en un ejemplo. Supongamos que cobro 3.000 dólares libres de impuestos. Si divido esta cifra entre los 30 días del mes, averiguaré que de mi parte mi familia necesita 100 dólares al día.

Los gastos fijos mensuales son de 2.800 dólares entre hipoteca, cuotas de automóviles, tarjetas, comida, colegios, etc… Si en mi cuenta tengo 6.500 dólares y realizo los pagos necesarios, me quedará un saldo en la cuenta 3.700 dólares.

Asumamos, en este ejemplo, que no tengo más ahorros y la vida me hace el *check out* a causa de un accidente y no regreso a casa. Dijimos que mi familia necesitaba 100 dólares diarios para vivir como lo hacen ahora y en mi cuenta sólo quedan 3.700 dólares.

Esto quiere decir que podrían mantener su nivel de vida por 37 días, antes de comenzar a hacer ajustes o tener que vender lo que se pueda vender rápido.

Ahora digamos que no muero, sino que quedo sin posibilidad de trabajar, en mal estado de salud. Además de no producir me tienen que cuidar. ¿Entonces qué ocurriría?

- ¿Tu familia está preparada para manejar lo que tienes si tu murieras o enfermaras?

- ¿Por cuántos meses tu familia podría mantener el nivel de vida que tiene si eso sucediera?

- ¿Qué tan urgente e importante es trabajar en tu organización financiera?

- ¿Qué tan urgente e importante es «adquirir» educación financiera?

Recibe más recursos e ideas de Carlos Devis...

INSCRÍBETE EN

 www.mipazfinanciera.com

CAPÍTULO 11

LAS FINANZAS PERSONALES, LA BASE DE TODO

«Si gastas todo o más de lo que ganas, nunca lograrás tu libertad financiera».

No importa lo mucho que trabajes, que tengas un salario muy alto, una mente privilegiada para los negocios, que la gente te ame por lo increíble que eres o que seas el mejor padre o madre del mundo.

Tampoco que tengas veinte posgrados y diplomas, que hables y escribas a la perfección cinco idiomas, que hayas recibido una gran herencia, que te apuntes a todos los cursos que encuentres sobre abundancia, positivismo, finanzas y desarrollo personal, o te mudes a India...

Si no organizas tus finanzas personales nunca podrás ser independiente financieramente.

En el mejor de los casos, dependerás de otra persona que te las organice, pero realmente serás como un ciego perdido en la selva a la espera de que otra persona le indique el camino...

Tu destino, tu futuro, no estará en tus manos y siempre vivirás al borde de una crisis financiera, aunque no seas consciente de ello.

En mi caso, mi inteligencia, mi fuerza y mi desesperación por salir adelante financieramente se convirtieron en mis peores enemigos. Me mataba por lograr unos buenos ingresos y cuando lo conseguía, en vez de ahorrar, animaba a mi familia a aumentar sus gastos y a usar los cupos de las tarjetas, me compraba automóviles mejores... básicamente, trabajaba duro para crear mi próxima crisis financiera.

Aumentar los gastos en 20 dólares aquí o allá o contratar una cuota de 100 dólares mensuales, puede no parecer mucho... Pero acaban siendo respectivamente 240 y 1.200 dólares al año. Y lo peor es que la mayoría de estas cuotas son muy difíciles de suspender una vez creadas.

Por ejemplo, si le has comprado a tu hija el último modelo de celular y pagas 100 dólares al mes entre servicio y equipo, a ver quién le dice que vas a quitárselo. De la misma manera, cuando compras el automóvil del año a pagar en sesenta meses, acabarás pagando el doble del precio para que cuando termines de pagar, tu auto se haya devaluado y valga la mitad que al principio. Y no es fácil salir de ninguna de estas situaciones.

Y no nos olvidemos del premio mayor: «Por fin compramos la casa de nuestros sueños.» Una inversión que necesita de los ingresos de ambos esposos para pagar la hipoteca, que necesita una inversión en muebles nuevos que compraremos con la promoción de 12 meses sin intereses, aunque nos acabe saliendo un 40% más caro que pagándolos al contado.

Y siempre en estas ocasiones pensamos: «No importa, de alguna parte saldrá el dinero, debo aprovechar porque nunca habrá otra oportunidad igual». Si sé de lo que hablo es porque durante décadas yo fui ese idiota financiero: salía de una crisis para meterme en otra.

Aunque vivía bien era un «rico pobre». Esto me llevó a perder mi matrimonio y terminar, a los sesenta años, sin un centavo, a pesar de haber trabajado muy duro durante toda mi vida y de que por mis manos hubiera pasado mucho dinero.

La primera causa de divorcio en Estados Unidos es por problemas de dinero, y me imagino que en muchos otros países lo será también. Esto sin contar las angustias que provoca, cómo distanciar a la familia y, lo peor, la forma en la que programamos a nuestros hijos a que repitan nuestra historia en su propia vida.

Ahora, volvamos al principio... Las finanzas personales son la base de todo. Si gastas todo o más de lo que ganas, nunca lograrás tu libertad financiera. Déjame ilustrártelo con una historia:

Seguramente recordarás a Hernando. Él ha sido durante treinta años el mayordomo de la finca de un amigo mío. Como te comenté anteriormente, gana un poco más del salario mínimo, pero siempre ha sido muy organizado con sus finanzas. Los sábados, en lugar de salir con sus amigos a tomar una cerveza, criaba a sus propios animales y buscaba cualquier ingreso adicional.

Él y su esposa no gastaban, sino que ahorraban; no compraban nada a crédito y si necesitaban algo procuraban comprarlo de segunda mano en buenas condiciones. Eran pacientes y planificadores, y sus ahorros fueron creciendo. Como los vecinos sabían que eran personas de confianza, uno de ellos que quería vender un lote, se lo ofreció a Hernando, quien usó sus ahorros para adquirirlo. Como el lote era grande, lo dividió en dos y vendió una de las partes, recuperando así los ahorros invertidos.

Descubrió esta estrategia y vio que le había salido bien, por lo que lo hizo de nuevo, pero esta vez no esperó a que le ofrecieran un terreno: él mismo buscó algo similar con mucha paciencia y repitió los mismos pasos. Hicieron esto muchas veces, pero no cambiaron en nada su nivel de vida: continuó con su trabajo con el mismo entusiasmo y gratitud de siempre y sus hijos siguieron en la misma escuela del pueblo.

Gracias a ello, hoy Hernando cuenta con varias fincas y con dos hoteles completamente pagados en el pueblo; tiene un patrimonio de más de 2.000.000 de dólares, no tiene deudas y mantiene su trabajo de mayordomo.

Recuerda la ley de la riqueza: **No importa lo que ganas, sino lo que guardas.**

Si cada vez que metes agua en el tubo, guardas un poco y la cuidas, llegará un momento en el que hayas acumulado una gran cantidad. Sin embargo, si cada vez que metes agua le haces otro hueco al tubo, no importa cuánto metas, nunca podrás guardar nada.

Yo me cansé de que mis finanzas personales fueran como una tubería rota y decidí elaborar mi presupuesto, e identificar y tapar todos los huecos de la tubería.

Tu próximo paso…

Ejercicio:

Comienza tú también por hacer un presupuesto detallado de tu gasto diario y mensual, tanto el tuyo como el de cada una de las personas de tu familia. Mira los extractos de las cuentas y las tarjetas de débito y crédito, y anota también todo lo que gastas en efectivo.

A partir de esta información, determina cuáles son los huecos que tiene tu tubería financiera y decide qué pasos tomar para empezar a cubrirlos. Una vez que encuentres el problema… ¡Manos a la obra!

¿Cuáles son tus activos?

Observa el siguiente ejemplo:

Descripción	Valor	Deuda	Activo
Inmueble 1	$ 80.000,00	$ 30.000,00	$ 50.000,00
Inmueble 2			
Automóvil 1	$ 15.000,00	$ 18.000,00	-$ 3.000,00
Automóvil 2			
Muebles	$ 5.000,00	$ 1.500,00	$ 3.500,00
Joyas			
Arte			
Efectivo cuenta 1	$ 2.000,00		$ 2.000,00
Efectivo cuenta 2	$ 1.500,00		$ 1.500,00
Deudas por cobrar	$ 3.000,00		$ 3.000,00
Acciones			
Bonos o títulos valores			
Fondo de retiro	$ 30.000,00		$ 30.000,00
Bonos o derechos laborales			
Tarjeta de crédito 1		$ 6.500,00	-$ 6.500,00
Tarjeta de crédito 2		$ 8.200,00	-$ 8.200,00
Tarjeta de crédito 3			
Otra deuda 1		$ 4.700,00	-$ 4.700,00
Otra deuda 2			
Otra deuda 3			
Otros			
Otros			
Otros			
Total	$ 136.500,00	$ 68.900,00	$ 67.600,00

Veamos ahora tu flujo de caja mensual.

Ten en cuenta que algunos de los gastos de este presupuesto no son mensuales sino anuales.

Por ejemplo, si el impuesto de la casa es de 1.200 dólares al año, debes dividirlo por 12, lo que te arrojará un resultado de 100 dólares mensuales. Entonces colocarás en el presupuesto 100 dólares. Lo mismo puede suceder con la ropa o las vacaciones. Se hace un presupuesto y se reserva cada mes una doceava parte.

Como ahora muchos gastos se hacen con las tarjetas de crédito o débito, te recomiendo revisar los pagos mensuales para tener la seguridad de que todos están en el presupuesto.

Flujo de caja mensual			
Detalle	Subtotal	Total	% de ingresos
Ahorros			
Gastos del inmueble 1			
Hipoteca			
Impuestos			
Administración			
Mantenimiento			
Otros			
Gastos del inmueble 2			
Hipoteca			
Impuestos			
Administración			
Mantenimiento			
Otros			
Servicios			
Electricidad			
Agua			
Gas			
Teléfonos			

App o suscripciones

Internet / tv

Otros

Alimentación

Mercados

Restaurantes

Gastos diarios café/merienda

Cigarrillos

Otros

Transporte

Buses/trenes

Cuota automóvil 1

Cuota automóvil 2

Gasolina

Peajes

Impuestos

Mantenimiento

Seguros

Parqueadores

Otros

Hijos

Colegios

Matrículas escolares

Actividades extra

Mesada

Útiles escolares

Regalos y fiestas

Clases extra

Terapias/otros

Ayuda doméstica

Transporte escolar

Viajes escolares

Cuota alimentaria (si aplica)

Otros

Educación adultos

Salud

Seguro médico

Dentista

Medicinas

Pagos no cubiertos por seguro

Otros

Mascotas

Seguro

Comida

Cuidados

Otros

Vestuario

Uniformes hijos

Ropa hijos

Ropa adultos

Implementos deportivos

Salón de belleza

Peluquería

Cosméticos

Otros

Otros gastos

Regalos

Fiestas y celebraciones

Vacaciones

Salidas fin de semana

Ayuda a parientes

Donaciones

Hobbies/pasatiempos

Gastos misceláneos

Otros seguros

Seguro médico

Seguro dentista

Seguro de vida

Seguro mortuorio

Otros seguros

Deudas

Tarjeta de crédito 1

Tarjeta de crédito 2

Tarjeta de crédito 3

Otra deuda 1

Otra deuda 2

Deudas familiares

Deuda con la empresa

Crédito de educación

Total gastos mensuales

Ingresos mensuales adulto 1

Ingresos mensuales adulto 2

Otros ingresos

Saldo mensual

A partir de los resultados obtenidos podrás ver, además, qué gastos consumen el mayor porcentaje tus ingresos.

Esto te permitirá determinar con mayor detalle cuáles deberías reducir, si es posible, HOY mismo.

Recibe más recursos e ideas de Carlos Devis...

INSCRÍBETE EN

 **www.mipazfinanciera.com**

CAPÍTULO 12

CÓMO LOGRARÁS TU LIBERTAD FINANCIERA CON BIENES RAÍCES

«Es más fácil crecer financieramente con un plan, que sin un plan».

Para conseguir libertad financiera es necesario, antes que nada, romper con esos patrones nocivos que no nos permiten avanzar. Yo he logrado hacerlo con calma y paciencia y quiero compartir contigo los pasos que he tomado para conseguirlo, para que no sólo me sirvan a mí.

De hecho, son los mismos que les he recomendado a mis estudiantes y les ha funcionado. Aplícalos tú también y verás los resultados.

Primer paso: elaborar un presupuesto de gastos y gastar menos de lo que gano

A los 55 años, cuando tuve que vender la última propiedad que tenía para poder pagar mis gastos y mis deudas, me dije a mí mismo «estoy gastando más dinero del que tengo, ya basta», y decidí cambiar mi forma de manejar el dinero.

Esto es muy duro de reconocer, y es más duro aún llevarlo a cabo, pero la otra opción era seguir cavando mi propio hoyo, o seguir trabajando como loco para pagar las siguientes deudas sin tener jamás nada de liquidez.

Una vez que tomé esta decisión, analicé mis gastos hasta el último centavo y me di cuenta de que había muchos de ellos que podía reducir o incluso eliminar por completo. Estos son algunos ejemplos:

- Estaba suscrito a plataformas y canales de televisión por los que pagaba mensual o anualmente, y que nunca veía.

- Tenía contratado mi seguro de vehículo con la misma persona desde hacía años porque me llevaba muy bien con él, pero tras hacer un par de llamadas encontré otro seguro que me daba las mismas condiciones a mitad de precio.

- Devolví el BMW por el que pagaba 500 dólares al mes.

- Entregué el apartamento que tenía con vistas al mar y me fui a vivir a un lugar más modesto.

- Empecé a ir menos a cenar fuera y me quité la costumbre que tenía de ser siempre yo el que pagaba la cuenta.

- Cuando mis hijos me pedían dinero, ya no se lo daba sin preguntar para qué lo querían y sólo por ganarme su aprobación en ese momento.

No fue fácil llevar a cabo todas estas cosas, mis amigos pensaban que me estaba yendo muy mal económicamente, pero en realidad nunca me había sentido mejor: por primera vez sentía que tenía el control de mis finanzas y que realmente estaba cuidando de mí mismo.

Si vives como nadie lo hace AHORA, después vivirás como nadie por SIEMPRE.

Segundo paso: DECIDIR pagar todas mis deudas

Decidí comenzar a pagar absolutamente todas las deudas que tenía a mi nombre. Esto lo hice con la misma determinación con la que había logrado tantas otras metas en mi vida y ayudándome de la gran reducción que había hecho en mis gastos.

Primero, comencé por las tarjetas de crédito con el menor saldo y cada mes destinaba el mayor dinero posible para abonar esa deuda. Cuando por fin terminé de pagar la deuda de esa primera tarjeta, destiné el dinero que antes utilizaba para esa deuda, en pagar la siguiente tarjeta.

No fue algo instantáneo, me tomó tiempo, pero me sentía tan bien cada vez que veía como los saldos bajaban en vez de subir, que mereció completamente la pena.

Algo interesante que observé mientras llevaba a cabo este paso, es que las mayores deudas que tenía se debían o a negocios en los que había decidido participar de manera impulsiva y sin el conocimiento suficiente, o a los errores de otras personas con las que me había asociado.

Al analizar detalladamente mis deudas y los intereses que pagaba, me di cuenta de que literalmente estaba tirando mi dinero a la basura y lo peor es que luego sufría por conseguir más dinero para seguir pagando tonterías y gastos absurdos.

Me di cuenta también que había tarjetas en las que tenía gastos de viajes y comidas de hacía más de un año, y por las que estaba pagando un 30% de interés. Así que, básicamente, ¡estaba pagando por un postre que había comido meses atrás!

En ese momento, la DECISIÓN más importante que tomé fue prometerme a mí mismo que si no tenía dinero para pagar al contado, no lo compraría.

No fue fácil. Deshacer todos los errores financieros que había ido cometiendo a lo largo de mi vida sacaba a relucir mi propia estupidez, lo cual no era muy grato para mí. Pero, por muy doloroso que fuera, DECIDÍ que verdaderamente quería cambiar mi estilo de vida y salir de la esclavitud financiera.

Debía olvidarme de usar el crédito como una droga para calmar una angustia o un capricho mientras esperaba un milagro o un negocio mágico que me sacara de todas mis deudas.

Entre tanto sufrimiento, descubrí una verdad que me sirvió en aquel entonces tanto como sirve ahora, a mí, a ti y a todos los demás: el ÚNICO con el PODER para sacarme de deudas para siempre SOY YO y la única solución es dejar de endeudarme.

Para dejar de estar endeudado no me faltaba dinero, lo que me faltaba era DECISIÓN.

«Esclavo es quien espera que alguien venga a liberarlo».

Tercer paso: comenzar a ahorrar

Llegado a este punto comencé a tener algo de dinero a mi disposición, no porque estuviera trabajando duro más horas, sino porque había organizado mis finanzas.

Al hacer y cuidar mi presupuesto, bajar los gastos y pagar mis eternas e interminables deudas liberé dinero y en lugar de gastarlo, como había hecho siempre, empecé a guardarlo.

Comenzar a ahorrar me dio una increíble sensación de seguridad interna, pues por primera vez sentía que verdaderamente tenía el control sobre mi dinero.

Me sentía motivado para crear ingresos extras y todo lo que ganaba con estos iba destinado al ahorro. Esta vez sí que había reparado el tubo, y el agua que ingresaba por un lado la veía acumularse por el otro. De esa manera, veía crecer mis ahorros día a día y desde un principio sabía que iba a utilizarlos para comprar bienes raíces, y así lo hice.

Cuarto paso: comprar mi primer inmueble

Este fue un proceso complicado para mí porque no tenía mucho conocimiento sobre el tema; lo que hice fue acudir a varios cursos, leer e investigar por mi cuenta y preguntar a personas que ya tenían experiencia.

Así, fui superando mis miedos de qué comprar o qué no comprar porque, claro, no quería volver a perder mis ahorros y necesitaba estar muy seguro de mi decisión.

Por esa misma razón esperé años hasta que encontré la casa perfecta con un 40% de descuento y de la que te hablé anteriormente. Fue muy buena compra, pero me equivoqué porque al ver que iba bien me entusiasmé demasiado y compré otras cuatro casas, rompiendo así mis propias reglas.

Al final, conseguí sacarlas todas adelante, pero sufrí mucho de una manera innecesaria.

La primera casa la utilicé como vivienda y otras dos aún las tengo arrendadas. El dinero del arriendo es el que paga la hipoteca, los impuestos, seguros, gastos de mantenimiento... y aun así me quedo con un flujo positivo de 500 dólares mensuales.

Quinto paso: preparar el inmueble y arrendarlo adecuadamente

Estas primeras cuatro casas que adquirí estaban en mal estado y necesitaron muchos arreglos. Esto significó mucho trabajo para mí, sobre todo porque no es un tema en el que sea experto. Por eso, ahora compro inmuebles que no necesiten grandes arreglos, sólo cosméticos, como pintura u otras cosas menores donde puedo contratar a alguien para que los arregle de manera rápida.

Así, puedo preparar en poco tiempo mis propiedades para arrendar y dedicarme a elegir los inquilinos más adecuados para ella (te explicaré cómo hacer esto más adelante).

Mi negocio no es la construcción ni la remodelación, es el arriendo.

Sexto paso: manejar los ingresos pasivos como negocios independientes

El dinero que gano a través de los arriendos no lo toco nunca, es como si no fuese mío. Lo utilizo para hacer los mantenimientos necesarios a la propiedad, pagar los impuestos y seguros, para tener un fondo de reserva por si surge una reparación imprevista y para pagar todos los gastos que sean necesarios cuando tenga que cambiar de inquilino.

Y lo que me queda de flujo positivo lo destino a una cuenta de ahorro con la que pagaré la próxima cuota inicial de un inmueble que, como este, ¡también se pague solo!

Séptimo paso: repetir todos los pasos anteriores

1. Planificar tu presupuesto y una vez hecho, mantenerlo.

2. No adquirir deudas que no se vayan a pagar solas.

3. Ahorrar.

4. Usar los ahorros únicamente para comprar inmuebles que den renta y se paguen solos.

5. Preparar los inmuebles que hemos adquirido para arrendar a buen precio.

6. Manejar los ingresos de cada inmueble como si fuesen un negocio ajeno y destinar todo el flujo positivo a ahorrar para comprar más inmuebles.

7. Repetir los pasos anteriores.

Como les digo siempre a mis estudiantes, **la primera propiedad es la más difícil, la segunda es un poco menos difícil y la tercera ya es muy fácil y divertida.**

Al fin y al cabo, un inmueble al año no hace daño y tú estás capacitado para llevar a cabo lo que te he explicado en este capítulo. Más adelante veremos en detalle cada uno de estos pasos.

Piensa: si te organizaras financieramente y dedicaras el dinero que utilizas para pagar tus deudas en invertir en bienes raíces, ¿cuánto podrías llegar a ahorrar en un año para ello?

Tu próximo paso...

Ingresa en www.mipazfinanciera.com y mira gratis el video «5 Estrategias para Ahorrar aunque Tengas Poco».

Recibe más recursos e ideas de Carlos Devis...

INSCRÍBETE EN

 **www.mipazfinanciera.com**

 # CAPÍTULO 13

LA BOLA DE NIEVE PARA SALIR DE DEUDAS

«Paga las deudas, de la más pequeña a la más grande, sin importar los intereses».

Este concepto lo tomé del libro *La transformación total de su dinero* de Dave Ramsey. Además, lo he visto también en varios programas de finanzas personales y creo que es un concepto simple, con metas claras, y fácil de convertir en un juego. ¡Toma nota!

- Elabora una lista detallada de todas tus deudas y sus pagos mensuales, con excepción de la hipoteca de tu casa y de aquellas que tienes rentadas y se pagan solas.

Pago mensual de:

- Tarjetas de crédito_____$
- Cuotas de automóviles_____$
- Créditos estudiantiles_____$
- Otras deudas_____$
- Deudas con pagos regulares_____$

(Continúa agregando tantos ítems como sean necesarios).

- Total = $_____
- Multiplica el total por 12.

¡Eso es lo que podrías tener disponible para invertir en bienes raíces cada año!

¿Te imaginas lo que cambiaría tu vida si TÚ DECIDES PAGAR TUS DEUDAS?

Veamos ahora en detalle la forma en que tú puedes salir de deudas. En el capítulo anterior te conté que tomé la decisión de salir de las mías y estos son exactamente los pasos que seguí para lograrlo.

Ahora te toca a ti:

1. Haz una lista de todas tus deudas, desde la más pequeña hasta la más grande. Incluye también las deudas con familiares o con amigos, las deudas que no tienen intereses... todas a excepción de la hipoteca de tu casa o aquellas que se pagan solas.

2. Comienza por pagar la deuda más pequeña, mientras que de las demás paga sólo el mínimo y te mantienes al día con eso. Utiliza cualquier recurso adicional del que dispongas para abonar el pago de esa deuda.

3. Una vez hayas terminado de pagar la deuda más pequeña, es el momento de ir por la siguiente: paga el mínimo que ya estabas pagando y súmale todo lo que pagabas mensualmente por la otra deuda. Aquí también puedes agregar cualquier recurso adicional que vayas teniendo. Cuando esta segunda deuda esté pagada puedes pasar a la tercera, repitiendo la misma estrategia, y continuar así con el resto de deudas de tu lista.

4. Enfoca toda tu energía, creatividad y disciplina en salir de tu esclavitud financiera.

La razón por la que debes pagar las deudas más pequeñas primero es que verás antes tu progreso y te dará una metodología. Al añadir la cantidad mensual que se abonaba por esta deuda a la deuda siguiente, estás agilizando el pago.

No importa que haya una deuda con más intereses que otras, tú mantén el orden de deuda pequeña a deuda mayor. Cada mes, comprueba los resultados y felicítate a ti mismo. Y, por supuesto, procura en la medida de lo posible, crear ingresos adicionales para acelerar aún más el proceso.

Pero lo más importante y esencial para que esto salga bien, es que NO CONTRAIGAS NINGUNA DEUDA MÁS. Cuando te sientas tentado, piensa que una deuda es como cortarle un brazo a un hijo, y ya verás cómo encuentras otras soluciones.

Habla con tus acreedores para ver si es posible la renegociación de los intereses. En la cuarta parte de este libro te daré ideas para conseguir recursos y pagar más rápido tus deudas

Tu próximo paso…

Como te he comentado a lo largo del capítulo, esta estrategia la he tomado del libro *La transformación total de su dinero*, de Dave Ramsey, y es utilizada por muchos asesores financieros.

Recordemos puntualmente los pasos a seguir:

1. No tomes nuevas deudas.

2. Haz una lista de todas tus deudas de menor a mayor incluyendo los pagos mínimos (queda excluida la hipoteca de la casa).

3. Comienza a pagar la más pequeña con todos los recursos disponibles y continúa haciendo los pagos mínimos de las demás.

4. Una vez saldada la primera deuda, utiliza todo el dinero que le destinabas para poder pagar la segunda deuda.

Observa en el siguiente cuadro que, aunque sólo destines a la siguiente deuda el pago mínimo de la que acabas de saldar, poco a poco aumentará el dinero disponible para la pagar la próxima.

Al pagar deuda de MasterCard, tendrás mínimamente disponibles los 10 dólares para aumentar el pago de la Visa, o sea, podrás pagar 25 dólares en lugar de 15. Al saldar esta también, podrás destinar ese pago mínimo al de Unión de Crédito y así aumentarlo a 55 dólares.

Como ves, se arma una bola de nieve que irá creciendo y creciendo para que puedas pagar todas esas deudas malas. Cualquier recurso adicional que puedas invertir acelerará el proceso.

Detalle de deudas

Descripción	Saldo a pagar	Pago mínimo	Nuevo pago
Mastercard *	$ 100,00	$ 10,00	$ 0,00
Visa	$ 320,00	$ 15,00	$ 25,00
Unión de crédito	$ 895,00	$ 30,00	$ 55,00
Banco x	$ 3.500,00	$ 120,00	$ 175,00
Cuota automóvil	$ 10.520,00	$ 345,00	$ 520,00
Deuda parientes	$ 15.000,00	$ 50,00	$ 570,00

* Cuenta saldada con una venta de garaje.

Ahora es tu turno:

Detalle de deudas			
Descripción	Saldo a pagar	Pago mínimo	Nuevo pago

Es importante que hagas la cuenta de cuántos meses de pago te faltan y verás cómo, si te comprometes, podrás acortar los plazos y además ahorrarás el dinero de los intereses.

Recibe más recursos e ideas de Carlos Devis...

INSCRÍBETE EN

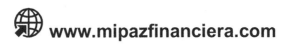 **www.mipazfinanciera.com**

CAPÍTULO 14

CÓMO USAR EL GPS DE TU CEREBRO PARA CRECER FINANCIERAMENTE

«Tienes un radar poderoso en tu cerebro, muy fácil de usar, para encontrar lo que quieres».

Imagina que tienes una empresa de turismo muy exitosa la cual se precia en cumplir siempre las expectativas de sus clientes, hasta en el más mínimo detalle. Un día llega a tu oficina María, una cliente potencial, y te dice:

—Hola, me gustaría ir a una ciudad hermosa en la que haya sitios interesantes para viajar, buenos restaurantes y actividades culturales.

Seguramente tú le pedirías entonces que sea un poco más concreta en su petición y le preguntarías qué continente prefiere, qué tipo de actividades culturales le gustan más, qué restaurantes está buscando... Porque si la llevas a «cualquier parte» lo más seguro es que María termine en un sitio que no le gusta o gastando más dinero del que puede permitirse.

Pero, en cambio, si María te dijera:

—Por favor, quiero ir a París. Me gustaría que mi hotel estuviese cerca del aeropuerto Charles de Gaulle, que no costara más de 150 dólares la noche con transporte gratuito al aeropuerto si fuera posible, y que la tarifa incluyese desayuno. Y que la reserva sea entre los días 4 y 7 de marzo, por favor.

Ahora sí, con una petición así de clara le podrías proporcionar a María algunas opciones que se acerquen mucho a lo que está buscando para que ella haga la elección final.

De la misma manera, cuando les pregunto a mis estudiantes cuánto dinero necesitan para retirarse, la gran mayoría me da respuestas similares a estas:

- Lo suficiente para vivir cómodamente sin trabajar.

- Lo que me alcance para una vida tranquila.

- Mucho, para poder tener mi mansión junto al mar y casas repartidas por todo el mundo. Además, también querría un avión privado.

- Dinero para crear mi fundación y ayudar a muchas personas.

- Mil millones de dólares.

Como ves, ninguna de esas respuestas es clara ni concreta. Tu mente es como un agente de viajes que te llevará a donde tú quieras, pero solo si se lo dices con suficiente claridad y determinación.

¡Usa el genio que tienes dentro de ti!

Los psicólogos llaman a esta habilidad de tu cerebro **el sistema reticular**, que explicado de manera sencilla es la capacidad que tiene tu mente para ayudarte a encontrar aquello en lo que pones tu atención, ya sea que lo quieras o que lo temas.

Tu mente es como un GPS sofisticado que te ayuda a encontrar aquello que le señalas como importante, seleccionando entre los miles de datos que recibe constantemente a través de tus sentidos.

En este momento, mientras estás leyendo estas líneas, tienes cientos de colores e imágenes a tu alrededor. Puedes ver tus manos, el sitio en el que estás sentado e incluso podrías enfocarte aún más en los detalles: en cada uno de tus dedos.

Seguramente cuando has leído sobre tus manos y tus dedos automáticamente los has mirado, es tu cerebro el que ha desviado tu atención hasta ellos y aunque antes también estaban frente a ti, no estabas siendo consciente de ello porque le habías dicho a tu cerebro que se centrara en otra tarea, la de leer este libro.

Si te pregunto, ¿el piso en el que estás es sólido?, tu mente responderá; si digo que busques los tonos azules que hay en el ambiente o te pregunto si hay algún elefante en tu entorno, tu sistema reticular dirá que no.

Si te pido que escuches los sonidos del ambiente o que pongas atención a tu propia respiración o a los sonidos que realizas al mover el cuerpo, te harás automáticamente consciente de ellos. Aunque ya estaban ahí antes, sólo te haces consciente cuando te hablo de ello.

Pero tu sistema reticular ahora mismo está enfocado en estas letras, pues esa es la orden que tú le has dado en este momento.

Por ejemplo, puede pasar que si piensas en comprar una nevera de repente empieces a ver almacenes de neveras que siempre han estado cerca de ti, pero en los que nunca te habías fijado. O también suele pasar cuando te hablan de una marca de automóviles que no conocías y desde ese momento comienzas a ver autos de esa marca por todas partes.

Del mismo modo, cuando te pones una meta clara, por ejemplo, entrar a trabajar a una empresa determinada o buscar una suma específica de dinero, **tu sistema reticular empezará a buscar toda**

la información y recursos necesarios para que logres lo que quieres, como un GPS en tu cerebro.

Imagínate a una madre dormida en un cuarto y su bebé durmiendo en una habitación distinta. Hay mucho ruido en el ambiente, provocado por una fiesta que hay en un apartamento cercano, y esto provoca que el bebé se despierte. Aunque esté dormida, la madre escuchará al bebé por encima de todos los demás sonidos y se levantará para atenderlo. Esto sucede así porque ella programó su mente para escuchar cualquier sonido que provenga de su bebé.

Pero ten en cuenta que el sistema reticular no es ni bueno ni malo, actúa según como lo programes, según tus pensamientos, seas consciente o no de ellos. Si inconscientemente no crees que debas ser feliz, tu sistema reticular buscará razones para evitar que disfrutes. Provocará que empieces a pensar en problemas que todavía no has logrado solucionar o que te sientas mal por estar contento cuando una persona cercana a ti está pasando por un mal momento, etc.

Si en tu interior, crees que no eres merecedor de conseguir cosas positivas o de recibir cumplidos, cuando te dicen algo bueno, tu sistema reticular hará que creas que te lo están diciendo con algún interés y que no es cierto. Cuando alguien te diga que puedes hacer algo que mejorará tu vida, encontrará razones para demostrarte que no es verdad.

Si le pides a tu sistema reticular que busque culpables de lo que te está pasando en la vida, obedientemente te hará una larga lista. También te dará razones por las que tu vida es una porquería, o se enfocará en todo lo que te ha salido mal y te hará recordar decenas de eventos.

Pero todo eso ocurre porque tú se lo permites. Observa los pensamientos que hay detrás de lo que ocurre en tu vida.

Toma el control, enfócate en lo que quieres y tu GPS te dará el gusto…

Estoy seguro de que también fue tu sistema reticular el que encontró este libro cuando le dijiste que te gustaría aprender más sobre finanzas y bienes raíces. Aprovecha ahora para utilizar tu sistema reticular a tu favor.

En resumen, el sistema reticular puede mostrarte dónde está lo que buscas, pero eres tú el que tiene que moverte. Tu acción, tu determinación y tu compromiso serán los que te lleven hasta dónde quieres ir.

Tu próximo paso…

Puedes direccionar tu sistema reticular hacia donde realmente quieres ir, haciéndole las siguientes preguntas:

- ¿Cuáles son las cualidades que tengo que me han ayudado a progresar?

- ¿Qué es lo que a la gente le gusta más de mí que pueda usar para crecer financieramente?

- ¿Cuáles son los logros que he alcanzado por los que me puedo sentir orgulloso?

Recibe más recursos e ideas de Carlos Devis…

INSCRÍBETE EN

 **www.mipazfinanciera.com**

CAPÍTULO 15

¿CUÁNTO NECESITAS PARA RETIRARTE?

«Si no decides en detalle cómo es tu vida ideal, no hay ninguna posibilidad de que la vivas».

En su espectacular libro *Dinero* —que te recomiendo encarecidamente—, Tony Robbins divide en etapas el proceso de avance financiero para ponerle metas concretas a tu mente. La primera meta es que logres lo básico para poder vivir bien, aunque esta cantidad puede variar dependiendo de cada persona.

¿Cuál es tu meta financiera?

¿Cuánto es lo necesario para vivir bien? Pues esto es muy diferente según cada persona. La imagen que nos venden en los anuncios es tener el dinero suficiente para retirarse y no volver a trabajar, en una playa tranquila bebiendo margaritas o en un campo de golf.

Pero a mí, por ejemplo, no me gusta vivir junto al mar, no soy de playa ni de sentarme a tomar el sol: me molesta la arena que se pega por todo el cuerpo y la sal que daña los equipos electrónicos. Sólo me gusta la playa para estar un par de días en un buen hotel y disfrutar de la vista con un cóctel.

En cambio, me encanta estar frente a un lago de agua dulce: es más apacible, me gusta más la vista y poder salir de vez en cuando con un pequeño bote. Igual que yo, hay muchas personas que lo prefieren a otros destinos como la playa, la montaña o la ciudad.

Durante años soñé con la casa en la que vivo junto al lago. No es lujosa ni es muy grande, pero es perfecta para mi esposa y para mí; no la cambiaría por todo el dinero del mundo. Como mi esposa y yo teníamos muy claro qué era lo que estábamos buscando, lo encontramos.

Algunas de mis cosas favoritas para hacer son leer, trabajar desde casa con mi esposa, ir a clases de yoga, hacer viajes de fin de semana, y recibir a amigos y familiares. A algunas personas esto les parecerá de lo más aburrido, y otras en cambio lo encontrarán fascinante.

¿Y tú? ¿Qué te gusta a ti? ¿En qué lugar te gustaría vivir? ¿Qué te gustaría hacer en tu día a día? ¿Cuántas veces al año te gustaría viajar? ¿Cuánto dinero supondría eso mensualmente? Olvídate de los mitos del éxito o de lo que otros digan sobre él, lo importante es lo que te guste a ti. No tienes que cambiar de casa ni de trabajo o empezar a vivir de repente una vida loca y exótica. Pero sí te pido que te preguntes a ti mismo cómo sería tu vida ideal.

Si no sabes cómo responder a esa pregunta, tu GPS se quedará en blanco y no te mostrará el camino pues no sabrá si estás dando vueltas porque estás perdido o porque eso es lo que quieres.

Para alcanzar tu vida ideal sin tener que trabajar, Tony Robbins aconseja hacerlo por etapas. Pero para llegar a este punto, debemos comenzar por ver qué estás haciendo hoy en día para prepararte; es fundamental que tú y tu familia tengan con qué comer y vivir si por alguna razón no puedes trabajar.

Piensa por un momento en todo lo que trabajas y te esfuerzas cada día. Pero, sin embargo, ¿sabes cuánto obtendrás de pensión al retirarte? ¿Sabes si eso será suficiente para vivir cómo quieres? ¿Sabes cuánto necesitará tu familia para mantener su nivel de vida si un día no puedes trabajar? Es importante que lo tengas claro, pues al igual que en *Juego de tronos*, «el invierno está llegando...» Y nos va a llegar a todos, antes o después.

La realidad es que todos, a lo largo de nuestra vida, tenemos varios inviernos: crisis, desafíos financieros, emocionales o de salud... Algo así como en los países que sufren inviernos fuertes: viven el clima del día a día, pero siendo conscientes y preparándose para la temporada de nieve, porque saben que vendrá y que deben estar preparados cuando llegue.

Los seres humanos tendremos dos tipos de inviernos:

- **La vejez.**
  Aunque tenemos claro que a todos nos llega no siempre la tenemos presente. Cuando somos jóvenes nos parece algo lejano o tal vez, ni siquiera pensamos en ella.

- **Las crisis.**
  Todos las atravesamos en algún momento u otro. No solo pueden afectarnos económicamente, pueden ser familiares, de salud, etc. Pero en general, las financieras generan una bola de nieve que desencadenan crisis en todos los ámbitos de nuestra vida y la de nuestros seres queridos.

Por eso mismo debemos comenzar a prepararnos lo antes posible, HOY mismo. Pues **lo que mata no es el clima, es no haberse preparado adecuadamente para pasarlo**. Y de la misma manera, lo que nos lleva a la quiebra no es la crisis, sino estar con deudas y sin liquidez, con muchos gastos y sin ingresos pasivos. Cuanto mejor preparados estemos, mejores posibilidades tendremos de pasar el invierno sin tantos daños o problemas.

Y tú, ¿estás preparado para el invierno? Si tienes una crisis y no pudieras trabajar, ¿podrías mantener tu nivel de vida actual?

Tony Robbins nos da una meta inicial para que, con tu GPS, puedas identificar qué es lo primero que requieres para lograr tu libertad financiera y sepas con exactitud qué ingresos pasivos necesitan tu familia y tú.

Este camino consta de tres etapas:

1. La seguridad financiera

Lo básico sería empezar por lograr ingresos pasivos mensuales que sean suficientes para cubrir tus necesidades esenciales y las de tu familia.

- ¿Cuánto te costaría pagar la renta o la hipoteca de la casa en la que vives?
- ¿Cuánto te costaría el pago de servicios?
- ¿Cuánto te costaría la alimentación de toda la familia?
- ¿Cuánto necesitas para transporte?
- ¿Cuál sería el gasto en los seguros básicos de tu familia?

Ese es el objetivo, si no trabajaras un día más, tener estos gastos cubiertos.

Lo veremos mejor con un ejemplo.

Ricardo tiene los siguientes gastos mensuales:

- Hipoteca o renta _____750 dólares.

- Comida _____300 dólares.

- Servicios_____200 dólares
  (Agua, luz, internet y teléfonos).

- Transporte _____170 dólares
  (Gasolina, mantenimiento del auto, tickets de bus o tren).

- Seguros_____200 dólares
  (Salud y automóvil).

Ricardo necesita, para cubrir sus gastos básicos, 1.620 dólares al mes, lo que significa que necesitará 19.440 dólares al año para pagar lo básico.

Si hablamos de una rentabilidad anual del 10%, necesitaría inmuebles para arrendar que valgan 194.000 dólares para tener su seguridad financiera. Esto significa que Ricardo debe comprar propiedades por 194.000 dólares que le renten cada una el 10%. Pueden ser tres casas o apartamentos de 64.700 dólares cada uno, que pueda arrendar y después de gastos, le queden 647 dólares mensuales libres o más por inmueble.

Soy consciente de que en algunas ciudades o países es más fácil encontrar inmuebles con una rentabilidad del 10% que en otros. En América Latina, por ejemplo, hay una combinación de un mercado en alza, bancos con intereses de un 9% o más y a menos años de pago, lo que hace que las rentabilidades sean distintas que en Europa o Estados Unidos.

Antes de escribir este libro consulté a mis estudiantes y a diversos inversionistas de sitios tan distintos como México, Colombia, Salvador, Perú, Ecuador, Chile, Paraguay, Uruguay, Estados Unidos, España, Italia, Alemania o Inglaterra. También con personas de perfiles muy diferentes como empleados, amas de casa, emprendedores, jóvenes, mayores… Decenas de ellos coinciden en que, si se sabe buscar, se encuentra.

La mayoría de inversionistas en bienes raíces se contentan con un 5 ó 6% de rentabilidad anual, pero si tienes paciencia y sabes buscar, encontrarás rentabilidades del 10% o más. Quizás no sea fácil, pero recuerda que sólo necesitas encontrar UN INMUEBLE AL AÑO y en este libro te daré muchas herramientas para hacerlo.

Si me dices «no, aquí eso no es posible», pues estoy de acuerdo en que, desde luego, PARA TI no será posible.

Retomemos el ejemplo: 194.000 dólares en bienes raíces. Si normalmente los bancos te piden el 20% del precio de un inmueble como cuota inicial para darte una hipoteca, en este caso, necesitarías 38.800 dólares de capital propio para cuotas iniciales, más los gastos de escritura.

Esto sería todo lo que necesitarías para comprar la llave de tu libertad financiera.

Si te comprometes, ¿podrías ahorrar 38.800 dólares en cinco o siete años? O lo que sea que necesites... Si estamos hablando de tres apartamentos, para el primero necesitarías sólo 12.933 dólares. ¿En cuánto tiempo podrías reunir ese dinero para tu primera inversión?

No estoy diciendo que sea fácil, y obviamente llevará tiempo, pero sé que TÚ PUEDES hacerlo si así lo decides.

2. La vitalidad financiera

El siguiente paso es buscar la vitalidad financiera. Una vez te has asegurado las necesidades básicas, puedes pasar al siguiente nivel. Empieza a calcular entonces cuánto gastas al mes en ropa, en ir al cine, restaurantes, peluquería, masajes...

Presupuesta solamente «LA MITAD» de lo que gastas al mes en:

Restaurantes $_____.
Ropa $_____.
Pequeños lujos $_____.

Multiplica el total por 12 y el resultado súmalo al total anual de la seguridad financiera.

Volvamos al ejemplo de Ricardo y digamos que realiza los siguientes gastos al mes:

Restaurantes   100 dólares.
Ropa   100 dólares.
Pequeños lujos   200 dólares.

Total mensual: 400 dólares.

Ricardo debería presupuestar LA MITAD de estos gastos:

Restaurantes   50 dólares.
Ropa   50 dólares.
Pequeños lujos   100 dólares.

Total mensual: 200 dólares.
Total anual: 2.400 dólares.

Agregamos al presupuesto de Seguridad Financiera el total anual que necesitaría Ricardo para darse unos gustos mínimos:

19.440 dólares + 2.400 dólares = 21.840 dólares.

Si calculamos una rentabilidad del 10%, necesitaría inmuebles por 218.400 dólares, que arrendados, una vez pagados los gastos, le produjeran una renta de 21.840 dólares al año.

3. La independencia financiera

Para el siguiente paso, toma la suma mensual de la seguridad financiera y la de la vitalidad financiera, y a esta cantidad súmale los gastos de la casa de campo que quieres, de los viajes que te gustaría realizar anualmente... Es muy importante que seas lo más concreto posible, piensa cómo sería esa casa de campo, dónde estaría y cuánto costaría mantenerla; porque si lo presupuestas, aunque no sea tu propiedad, podrás arrendarla y disfrutarla como si lo fuese. Y además, puede salirte hasta más rentable y darte menos problemas. En el caso de los viajes, también debes concretar a dónde querrías ir y cuánto te gastarías.

Una vez tengas esas cantidades, sumas los tres totales mensuales y lo multiplicas por el 10%. Eso será lo que requerirás para lograr tu independencia financiera.

¿Cuánto tienes en activos ahora mismo?

¿Cuánto te falta para llegar a esta cantidad?

Muchas veces, sencillamente reorganizando tu patrimonio con el objetivo de volver rentables todos tus inmuebles, puedes acabar dándote cuenta de que estabas mucho más cerca de esa cifra de lo que pensabas.

Recuerda, todo inmueble tiene un potencial de ingreso pasivo.

Toma tu lápiz y comienza hoy mismo a dirigir tu GPS en dirección a tu libertad

Tu próximo paso...

Define tu meta

Sueño 1

- **Seguridad financiera**

Armar una lista con los gastos mensuales:

1. Arriendo o pago mensual de hipoteca $_____.

2. Comida, Mercado $ _____.

3. Servicios (Gas, electricidad, internet, etc.) $ _____.

4. Transporte $ _____.

5. Seguros $ _____.

Total mensual Seguridad Financiera $ _____ X 12 $ _____ al año.

Sueño 2

- **Vitalidad financiera**

Añade la mitad de los gastos mensualmente en pequeños gustos:

1. La mitad de lo que gastas al mes en ropa $ _____.

2. La mitad de lo que gastas al mes en restaurantes y salidas $ _____.

3. La mitad de lo que gastas al mes en pequeños lujos $

_____.

Adicional mensual para tu vitalidad financiera $ _____ (A).

Total mensual seguridad financiera $ _____ (B).

Total mensual vitalidad financiera (A+B) $ _____ X 12 $ _____ al año.

Sueño 3

- **Independencia financiera**

Añade gastos mensuales que te gustaría realizar:

1. Viajes $_____.

2. Regalos $_____.

3. Vacaciones $_____.

4. Hobbies $_____.

5. Ocio $_____.

6. Otros $ _____.

(Sé lo más concreto posible: casa de campo, viajes, gustos adicionales, etc...).

Adicional mensual para tu independencia financiera $ _____ (C).

Total mensual vitalidad financiera $ _____ (D).

Total mensual independencia financiera (C+D) $ _____ X 12 $ _____ al año.

Ahora que ya tienes el camino trazado para conseguir tu independencia, enfoca tu GPS y comienza, de a un paso a la vez, a dirigirte hacia tu meta.

Recibe más recursos e ideas de Carlos Devis...

INSCRÍBETE EN

 **www.mipazfinanciera.com**

🏠 TERCERA PARTE
DÓNDE INVERTIR

ADOLESCENTE
YO SÉ QUE TENGO UN GRAN POTENCIAL PERO ESTOY ESPERANDO A QUE ALGUIEN ME VALORE

25 AÑOS
PUEDO HACER MUCHAS COSAS PERO AÚN NO HA LLEGADO EL... MOMENTO..

45 AÑOS
PARA QUE AFANARME YO SÉ QUE PUEDO HACER MUCHO...PERO NO LO VOY A HACER PARA OTROS..

70 AÑOS
...YO QUERÍA HACER MUCHO PERO NO SE ME PRESENTÓ LA OPORTUNIDAD...

AQUÍ ESTÁ SEPULTADO UN GRAN POTENCIAL

CAPÍTULO 16

CÓMO ESTRUCTURAR UNA OFERTA SERIA PARA UNA PROPIEDAD DE INVERSIÓN

«Lo más importante es hacer lo más importante... los números».

El objetivo de este capítulo es que aprendas a estructurar una oferta para comprar una propiedad de inversión y para ello, lo más importante es que revisemos muy bien los números.

Un buen inversionista habrá realizado el ejercicio que veremos a continuación antes de hacer una oferta por cualquier propiedad y además, tendrá muy claro el precio máximo que está dispuesto a pagar por el inmueble.

Este ejemplo pertenece a un negocio de compra de propiedad de inversión para la explotación como alquiler tradicional. Sin embargo, cuando conozcas la fórmula, podrás modificarla y aplicarla a otros nichos de mercado, tales como rentas aceleradas (Airbnb), locales comerciales u oficinas.

Este ejercicio se compone de 4 sencillos pasos:

1. Establecer el precio promedio del m^2 de alquiler (PPAM^2)

Una vez hayas elegido el área de la ciudad en la cual quieres comenzar la búsqueda de tu nueva propiedad, debes encontrar diez inmuebles con características similares a lo que quieres y tomar nota del precio de alquiler y del área construida.

Quizás te estés preguntando por qué es necesario que investiguemos los precios de alquiler de otros inmuebles, pues bien, la respuesta es que si lo que queremos es invertir en una propiedad que nos reporte beneficios mediante su alquiler es importante que tengamos la mayor cantidad de información posible sobre los alquileres de esa zona.

Para obtener los datos que necesitamos emplearemos las siguientes fórmulas:

a) Calcular el precio del m^2 de alquiler (PAM^2)

La fórmula PAM^2 se obtiene dividiendo el alquiler mensual de la propiedad entre el área construida en metros cuadrados.

PAM^2 = precio del alquiler de la propiedad / área construida en m^2

Esta fórmula la aplicaremos a cada una de las 10 propiedades que hemos encontrado.

Tomemos como ejemplo la siguiente propiedad: un piso en el barrio de Lavapiés en Madrid que cuenta con un área de $70m^2$ y cuyo alquiler asciende a 1.175 euros mensuales.

1.175 €/mes
Piso en la calle Meson de Paredes
Embajadores- Lavapiés (Distrito Centro. Madrid Capital)
Gespain Aluche gestiona piso en alquiler
Lavapiés/Embajadores.

Primera planta con ascensor. Vivienda exteri...

70m²   2 |🛏 1   🛁 1ª planta

CONTACTAR

En este caso lo que haríamos sería dividir el alquiler mensual (1.175 euros) entre el área construida (70 m^2); al hacer esto obtendríamos un resultado de 16,78.

PAM^2 = €1175 / 70m^2 = €16,78 x m^2

Lo que nos dice esta cifra es que el dueño de esta propiedad cobra un alquiler mensual de 16,78 euros por cada metro cuadrado de su inmueble. Así, gracias a esta fórmula, hemos conseguido el precio por metro cuadrado de alquiler (PAM^2) de esta primera propiedad.

Aplicaremos este mismo procedimiento con las nueve propiedades restantes. Al final del proceso deberíamos tener una hoja de trabajo parecida a esta:

	IDENTIFICACIÓN DE LA PROPIEDAD	VALOR DE ALQUILER	ÁREA CONSTRUIDA	PAM^2
1	Mesón de Paredes	1175	70	16.78
2	La Colegiata	1550	85	18.23
3	Calle Atocha	1650	80	20.62
4	Peña de Francia	1200	65	18.46
5	Peña de Francia	1250	65	19.23
6	Calle de Juanelo	1100	65	16.92
7	Sombrerete	1300	56	23.21
8	Fray Ceferino	1300	50	26.00
9	Embajadores	1400	65	21.53
10	Doctor Piga	1190	56	21.25

b) El segundo paso es utilizar los datos obtenidos en el paso anterior (PAM^2) para calcular el precio promedio del m^2 de alquiler (PPAM^2)

Esta fórmula la obtendremos dividiendo la suma de los PAM^2 de cada propiedad evaluada entre el número de datos obtenidos.

PPAM^2 = Sumatoria de los PAM^2 de cada propiedad evaluada / número de datos obtenidos

Es decir, como nuestra muestra se compuso de diez propiedades diferentes, sumaremos los precios del m^2 de alquiler de cada una y los dividiremos entre diez. Como podrás ver a continuación, este cálculo nos daría un resultado de 20,22. Y listo, ya has encontrado el Precio Promedio del M^2 de Alquiler (PPAM^2) en la zona.

	IDENTIFICACIÓN DE LA PROPIEDAD	VALOR DE ALQUILER	ÁREA CONSTRUIDA	PAM^2
1	Mesón de Paredes	1175	70	16.78
2	La Colegiata	1550	85	18.23
3	Calle Atocha	1650	80	20.62
4	Peña de Francia	1200	65	18.46
5	Peña de Francia	1250	65	19.23
6	Calle de Juanelo	1100	65	16.92
7	Sombrerete	1300	56	23.21
8	Fray Ceferino	1300	50	26.00
9	Embajadores	1400	65	21.53
10	Doctor Piga	1190	56	21.25
				202.23

$$PPAM^2 = 202.23/10 = 20.223$$

2. Establecer el precio estimado de alquiler de la propiedad a comprar (PEA)

Para calcular el PEA, es decir, el precio estimado de alquiler de la propiedad a comprar, debes partir del PPAM^2, el resultado que obtuvimos en el ejercicio anterior, y multiplicar esta cifra por el área construida en metros cuadrados de la propiedad a comprar.

La fórmula por tanto quedaría así:

PEA = PPAM^2 x área construida en m^2 de la propiedad a comprar

Supongamos, por ejemplo, que estamos interesados en adquirir la siguiente propiedad: un piso de 69m^2 en la calle Lavapiés que tiene un precio de 243.000 euros.

243.000 €

Piso en la calle Lavapiés

Embajadores- Lavapiés (Distrito Centro. Madrid Capital)

FICASA pone a la venta este magnífico piso situado en el céntrico Lavapiés, el barrio de moda de Madrid. Se ubica en…

69m²   3 🛏   2 🛁   2ª planta

CONTACTAR

Ya sabemos que el precio promedio del m2 de alquiler (PPAM2) es de 20,22 euros. Ahora multiplicaremos esta cifra por el área construida de la propiedad a comprar (69 m2) lo que nos dará un resultado de 1.395,38 euros. Éste sería el precio estimado del alquiler (PEA) para esta propiedad y lo reflejaríamos en nuestra hoja de trabajo de la siguiente manera:

	IDENTIFICACIÓN DE LA PROPIEDAD	VALOR DE ALQUILER	ÁREA CONSTRUIDA	PAM²
1	Mesón de Paredes	1175	70	16.78
2	La Colegiata	1550	85	18.23
3	Calle Atocha	1650	80	20.62
4	Peña de Francia	1200	65	18.46
5	Peña de Francia	1250	65	19.23
6	Calle de Juanelo	1100	65	16.92
7	Sombrerete	1300	56	23.21
8	Fray Ceferino	1300	50	26.00
9	Embajadores	1400	65	21.53
10	Doctor Piga	1190	56	21.25
				202.23

$$PPAM² = 202.23/10$$
$$= 20.223$$

$$PEA = 20.223 \times 69$$
$$= 1395.387$$

Nuestro estudio de mercado nos ha llevado a la siguiente conclusión: la propiedad que estamos interesados en adquirir como inversión podría darnos una renta de 1.395,38 euros mensuales. Debemos recordar también, que esta cifra es un valor promedio que podría llegar a elevarse si mejoramos las características del inmueble antes de lanzarlo al mercado de alquiler.

3. Establecer el precio máximo de negociación (PMN)

Para obtener esta cifra, el precio máximo de negociación, vamos a hacer uso de dos fórmulas distintas:

a) Precio bruto de negociación (PBN)

El precio bruto de negociación se calcula mediante una regla de tres que realizaremos con el precio estimado de alquiler, que ya obtuvimos anteriormente, y el objetivo de renta de la propiedad.

En este punto hemos introducido un nuevo término: el objetivo de renta de la propiedad. Este término hace referencia a la relación existente entre el valor del alquiler de una propiedad y su valor comercial. Como buenos inversionistas que somos debemos buscar propiedades que tengan como mínimo un objetivo de renta del 0,6%.

La fórmula quedaría de la siguiente manera:

PBN = (PEA x 100) / objetivo de renta de la propiedad

Ya dijimos anteriormente que el PEA era de 1.395,38 euros; si multiplicamos esta cifra por 100 y la dividimos por 0,6 obtendremos un resultado de 232.564,5 euros.

IDENTIFICACIÓN DE LA PROPIEDAD		VALOR DE ALQUILER	ÁREA CONSTRUIDA	PAM²
1	Mesón de Paredes	1175	70	16.78
2	La Colegiata	1550	85	18.23
3	Calle Atocha	1650	80	20.62
4	Peña de Francia	1200	65	18.46
5	Peña de Francia	1250	65	19.23
6	Calle de Juanelo	1100	65	16.92
7	Sombrerete	1300	56	23.21
8	Fray Ceferino	1300	50	26.00
9	Embajadores	1400	65	21.53
10	Doctor Piga	1190	56	21.25
				202.23

$$PPAM² = 202.23/10$$
$$= 20.223$$

$$PEA = 20.223 \times 69$$
$$= 1395.387$$

$$PBN = (1395.387 \times 100) / 0.6$$
$$= 232\ 564.5$$

Esto quiere decir que el valor mensual del canon de arrendamiento de nuestra propiedad será como mínimo el 0,6% de su valor comercial actual.

b) Precio máximo de negociación (PMN)

Para obtener el precio máximo de negociación (PMN) tomaremos el dato resultante del ejercicio anterior (PNB) y le restaremos los costos asociados al negocio.

¿Y a qué costos nos referimos? Pues a todos los costos que se generan mientras la propiedad comienza a generarnos dinero gracias al alquiler. Estos pueden ser: costos de cierre, costos de reparación y otros tales como vacancia, inspecciones, servicios públicos o amortización.

Por ejemplo, supongamos que adquieres una propiedad el día 1 de enero pero tardas un tiempo en realizar los cambios necesarios para ponerla en el mercado y en encontrar unos inquilinos adecuados.

Entre una cosa y otra esto te lleva tres meses y no comienzas a recibir dinero en concepto de alquiler hasta el 1 de abril. Sin embargo, aunque todavía no hayas estado ganando dinero, durante estos tres meses si habrás tenido que pagar gastos como el préstamo bancario, servicios públicos y la administración.

Ahora que ya han quedado claro cuáles son los costos asociados al negocio, pasemos a la fórmula que utilizaremos para calcular el precio máximo de negociación:

	IDENTIFICACIÓN DE LA PROPIEDAD	VALOR DE ALQUILER	ÁREA CONSTRUIDA	PAM^2
1	Mesón de Paredes	1175	70	16.78
2	La Colegiata	1550	85	18.23
3	Calle Atocha	1650	80	20.62
4	Peña de Francia	1200	65	18.46
5	Peña de Francia	1250	65	19.23
6	Calle de Juanelo	1100	65	16.92
7	Sombrerete	1300	56	23.21
8	Fray Ceferino	1300	50	26.00
9	Embajadores	1400	65	21.53
10	Doctor Piga	1190	56	21.25
				202.23

$$PPAM^2 = 202.23/10$$
$$= 20.223$$

$$PEA = 20.223 \times 69$$
$$= 1395.387$$

$$PBN = (1395.387 \times 100) / 0.6$$
$$= 232\ 564.5$$

$$PMN = 232\ 564.5 - 8000 - 5000 - 4000$$
$$= 215\ 564.5$$

PMN = PBN – costos de cierre – costos de reparación – otros costos

En este caso nosotros hemos determinado que los costos de cierre ascenderán a 8.000 euros, los de reparación a 5.000 euros y el resto de costos unos 4.000 euros.

Si al precio bruto de negociación, que eran 232.564,5 euros, les restamos estas cifras obtendremos un resultado de 215.564,5 euros. Éste sería, por tanto, nuestro precio máximo de negociación.

4. Establecer el precio de oferta inicial (POI)

Finalmente, utilizaremos el precio máximo de negociación (PMN) y le restaremos el margen de negociación, que en este caso será del 15%, para obtener el precio de oferta inicial (POI).

La fórmula quedaría así: **POI = PMN − 15%**

De esta manera, si a 215.564,5 le restamos el 15 por ciento obtendremos la cifra de 183.229,82 euros. Éste sería nuestro precio de oferta inicial.

Nuestra hoja de trabajo, después de hacer este último cálculo, quedaría así:

	IDENTIFICACIÓN DE LA PROPIEDAD	VALOR DE ALQUILER	ÁREA CONSTRUIDA	PAM²
1	Mesón de Paredes	1175	70	16.78
2	La Colegiata	1550	85	18.23
3	Calle Atocha	1650	80	20.62
4	Peña de Francia	1200	65	18.46
5	Peña de Francia	1250	65	19.23
6	Calle de Juanelo	1100	65	16.92
7	Sombrerete	1300	56	23.21
8	Fray Ceferino	1300	50	26.00
9	Embajadores	1400	65	21.53
10	Doctor Piga	1190	56	21.25
				202.23

$$PPAM^2 = 202.23/10$$
$$= 20.223$$

$$PEA = 20.223 \times 69$$
$$= 1395.387$$

$$PBN = (1395.387 \times 100) / 0.6$$
$$= 232\ 564.5$$

$$PMN = 232\ 564.5 - 8000 - 5000 - 4000$$
$$= 215\ 564.5$$

$$POI = 215\ 564.5 - 15\%$$
$$= 183\ 229.82$$

Pero, ¿cómo debemos interpretar estos resultados?

En términos generales, este ejercicio nos ha ayudado a determinar dos cifras muy importantes que necesitaremos saber antes de hacer una oferta por cualquier propiedad.

La primera es el precio de oferta inicial (POI), que en el caso que hemos puesto de ejemplo sería de 183.229 euros. Ésta será la cantidad que debemos ofrecer por la propiedad en primer lugar, aunque el precio que aparezca en el anuncio sea de 243.000 euros.

La segunda cifra que debemos tener clara antes de entrar en una negociación es el precio máximo de negociación (PMN) al que llegaremos, que en este caso sería de 215.546 euros. Esto será lo máximo que debemos estar dispuestos a pagar por la propiedad para que podamos considerarla un buen negocio como inversionistas.

En resumen, comenzarás la puja por la propiedad ofreciendo al propietario 183.229 euros. En esta puja el propietario y tú intercambian varias cifras, pero lo máximo que debes ofrecer son 215.654 euros. Si después de agotar todas tus técnicas de negociación la respuesta del vendedor es negativa, debes aceptarlo y buscar otra propiedad con la que repetir el ejercicio.

Si la respuesta es positiva, lo único que te queda es cerrar el trato y ya eres dueño de una propiedad de inversión. ¡Y que vengan muchas más!

No te preocupes si este ejercicio te ha resultado un poco largo y confuso. Si los datos son correctos y has hecho una selección juiciosa del inmueble, podrás hacer todo esto en un instante ayudándote con una tabla de Excel.

Después de eso solamente queda jugar a la oferta y contraoferta con el vendedor. Para ello será necesario que adquieras una buena técnica de negociación, pero eso se puede dominar fácilmente con un poco de práctica.

Es importante que aprendas a manejar el rechazo de las ofertas que hagas por las propiedades. Lo principal es que debes insistir sin miedo a resultar pesado y, además, siempre debes tener abiertas varias opciones por si acaso. En otras palabras, **tienes que estar dispuesto a buscar muchos «no» para encontrar el «sí»** que te va a llevar a ganar dinero gracias a una inversión rentable.

Por último, sólo quiero recordarte que debes analizar al menos cincuenta inmuebles para poder seleccionar diez por los que ofertar y quedarte con uno.

No puedo asegurarte que tu propiedad vaya a estar entre las primeras que analices pero sí puedo decirte que si aplicas de forma juiciosa las herramientas que te he presentado, aprenderás a separar la paja del trigo en lo que concierne a los negocios de bienes raíces.

Tu próximo paso...

A modo de ejercicio, te propongo que prepares una propuesta seria para comprar la casa en la cual vives (aunque seas el propietario), siguiendo los pasos enumerados en este capítulo.

Para ello, deberás buscar diez propiedades similares a la tuya en la misma zona y tomar nota del precio de alquiler y de los m^2 construidos para colocar en tu tabla.

En ella, también iras anotando los resultados de las fórmulas que necesitas para llegar a calcular el PMN y el POI.

$PAM^2 = $ Precio del alquiler mensual
Área construida en m^2

$PPAM^2 = $ Sumatoria de los PAM^2 de las propiedades (10)
Número de las propiedades evaluadas (10)

$PEA = PPAM^2$ X Área de la propiedad a comprar (en m^2)

$PBN = $ $\dfrac{PEA \times 100}{\text{Objetivo de renta de la propiedad (0,6)}}$

$PMN = PBN$ – costos de cierre – costos de reparación – otros costos

$POI = PMN - 15\%$

#	Identificación de la propiedad	Valor del alquiler	Área construida	PAM^2
1				
2				
3				
4				
5				
6				
7				
8				
9				
10				
	$PPAM^2$			
	PEA			
	PBN			
	PMN			
	POI			

Ahora ya sabes cuál sería el precio inicial y el precio máximo de negociación si quisieras comprar la casa en la que vives. Puedes repetir este ejercicio con cualquier propiedad en la que estés interesado.

Recibe más recursos e ideas de Carlos Devis...

INSCRÍBETE EN

 **www.mipazfinanciera.com**

CAPÍTULO 17

TIPO DE PROPIEDADES PARA RENTA, QUÉ COMPRAR, QUÉ NO COMPRAR

«Aprovecha lo que ya sabes, busca el control, los números y la seguridad».

Cualquier negocio puede ser bueno o malo. Esto dependerá de quien lo hace, de cuánto sabe acerca de ese negocio y de qué recursos tiene.

Por ejemplo, yo no recomiendo comprar en planos, pero para el constructor puede ser un muy buen negocio. Tampoco me gusta comprar lotes en sitios lejanos, pero para quien conoce el área, tiene los clientes y la forma de hacerlo, puede ser un gran negocio.

Los remates tampoco los recomiendo porque tienen muchos riesgos. Pero si lo está haciendo un abogado que sabe muy bien el proceso, sabe cómo mitigar los riesgos y los problemas legales, para esa persona puede ser excelente inversión.

Mi criterio es tener el control del negocio. Que sea rentable, que tenga flujo positivo o se mantenga solo, que se valorice, entender mis números… Que sea fácil de manejar, que implique poco riesgo (muy calculado) y que sea fácil de vender o salir del negocio si así lo decido.

Hay decenas de maneras de hacer negocios con bienes raíces. En este libro explicaré algunas formas de generar ingresos pasivos que resultarán sencillas, tanto para una persona que comienza a crear su portafolio como para una que ya tiene propiedades y quiere crecer.

¿Qué comprar? ¿De qué tamaño? ¿Dónde? ¿Depende de cada inversionista? Obviamente, si una persona tiene información y facilidades para entrar en locales comerciales y otra para entrar en consultorios, esto determinará cada una de sus estrategias. Sin embargo, cada uno tiene sus ventajas y sus desventajas, y te las contaré en este capítulo.

En primer lugar, una sugerencia que yo siempre les hago a mis estudiantes es que no tomen la decisión de compra pensando en que ellos no vivirían en ese lugar. Para la renta o la compra lo más importante es:

- La ubicación.
- Que sea fácil de arrendar o de vender.
- Que al hacer números sea rentable.
- Que quede cerca de donde vives (máximo a una hora para que te resulte fácil manejar tu propiedad)

Tómalo como una inversión y deja que los números sean tus mayores consejeros.

Casas o apartamentos populares

Éstas son mis favoritos junto a los pequeños multifamiliares y en ellos tengo la mayoría de mi portafolio. La ventaja principal que podemos encontrar en las casas populares es que son muy fáciles de arrendar: si el mercado está alto las rentas suben y si el mercado cae las rentas suben también, porque en esa situación hay menos personas que puedan permitirse arriendos costosos. Además, si me desocupan una, al ser una renta baja, la cesación de ingresos no se hace sentir tanto en mis finanzas como lo haría una propiedad con un arriendo más costoso. De esta manera minimizo el riesgo.

Aun así, las casas populares también cuentan con ciertas desventajas: aunque son propiedades económicas es importante que se mantengan en buen estado para que los inquilinos se sientan orgullosos de vivir en ellas. Como hemos comentado anteriormente, si no se mantienen de manera adecuada o no se elige bien a los inquilinos podríamos toparnos con personas problemáticas que no cuiden de nuestra propiedad.

Déjame darte un consejo: ten cuidado al elegir el barrio. Que sean populares pero que veas niños jugando en las calles y que tengan un ambiente familiar.

En Estados Unidos, no obstante, no te recomiendo invertir en apartamentos porque si el inversionista no es el dueño de toda la unidad los costos y las reglas de la asociación limitan la renta. La asociación tiene que dar su aprobación a cada uno de tus inquilinos antes de que se instalen en la propiedad y pueden negar la solicitud por cualquier razón, como por ejemplo, que no tengan un buen crédito. Además, la cuota de administración puede llegar a ser hasta el 20 ó 30% de la renta mensual.

Pequeños multifamiliares

Un multifamiliar puede tener de una a cuatro puertas. Puede ser una casa grande que la ciudad permite subdividir o un pequeño edificio construido específicamente para ello.

Este es un buen modelo ya que permite bajar el precio de compra, construcción o remodelación por puerta. Al ser el inversionista el dueño de toda la unidad se pueden administrar todas las casas en un solo lugar, esto permite también hacer los cambios que uno quiera sin las restricciones de una copropiedad.

Sin embargo, este tipo de propiedad cuenta también con algunas desventajas: algunos bancos no conceden créditos sobre este tipo de propiedades y hay que planear con mucho cuidado la remodelación para no encontrar sorpresas como por ejemplo, paredes estructurales que sean muy costosas de reemplazar.

En este caso es muy importante tener aprobado el plano en detalle por el ayuntamiento antes de comenzar, ya que en este tipo de propiedades muchas veces prima el criterio del funcionario sobre la norma.

Por lo tanto, no recomiendo embarcarse en ello sin los permisos necesarios ya que cualquier inquilino podría acudir al ayuntamiento para quejarse. Además, la ausencia de permisos también dificulta la venta y conseguir un crédito con un banco.

Apartamentos o casas de alta gama

A esta estrategia le veo una única ventaja y es que con tan solo una propiedad recibimos un pago mayor. En cuanto a la rentabilidad, sin embargo, cuanto de más alta gama sea la propiedad, más baja será la rentabilidad. Esto ocurre porque es más difícil encontrar inquilino para estas propiedades porque el mercado de personas que pueden pagar ese precio es más reducido. De esta manera, la propiedad corre el riesgo de quedarse desocupada por un mayor tiempo que cualquier otra.

No solo eso, también los clientes que pueden permitirse estas propiedades son por lo general muy exigentes: piensan que al estar pagando una cantidad de dinero muy alta tienen derecho a exigir también más. Además, una última desventaja es que al ser una propiedad costosa su mantenimiento por ende, también lo es.

Yo, por ejemplo, tuve una casa en la que cobraba un arriendo mensual de 5.000 dólares en 2001 y cuando, por alguna razón, se iba el inquilino y se quedaba vacía podía estar hasta un año desocupada mientras yo seguía pagando servicios, impuestos y mantenimiento. Por suerte en este caso no tenía que pagar también las cuotas de hipoteca o si no habría sido un problema mucho mayor.

Si quieres vivir en una propiedad de alta gama mi consejo es que utilices tu dinero en comprar casas populares que resultan más rentables y con ese dinero pagues renta en una propiedad de alta gama.

En cambio, si ya vives en una casa así y te agobia la hipoteca, véndela y alquila una casa en el mismo barrio; tendrás la misma experiencia pagando y sufriendo menos y además, si un día te aburres puedes dejar el arriendo e irte a otro lugar.

Me dirás: «Pero es que mi propiedad es difícil de vender...». Lo sé, es cierto que cuando el mercado comienza a recalentarse éstas son las propiedades que mayores problemas presentan para vender o arrendar. No obstante, hay soluciones, puedes ofrecer un descuento u ofrecer financiación al comprador.

Cuando escucho a alguien decir que se compraron una propiedad de alta gama —que les cuesta mucho pagar— por el bienestar de su familia siempre les pregunto lo mismo: «Si hoy te mueres o enfermas, en definitiva, si ya no pudieses trabajar ¿cuántos meses podría vivir aquí tu familia?»

Piénsalo bien, ¿sería entonces lo mejor para su bienestar vivir en esa propiedad?

Casas o apartamentos en áreas vacacionales

En mi opinión este tipo de propiedad es el segundo peor negocio en el que puedes invertir, después de las propiedades de tiempo compartido. Sin embargo, si tienes la propiedad a sabiendas de los gastos que acarrea, es decisión tuya y la respeto.

Pero, si entras en este negocio con el argumento de «lo arrendamos y además podemos usarlo para pasar las vacaciones en familia» debes tener en cuenta varias cosas más, como el capital invertido, los impuestos y los gastos de mantenimiento. Por ejemplo, si se arrienda la propiedad a través de una agencia o de Airbnb habrá que pagar también la publicidad, los gastos de comisión del agente, la limpieza y los gastos menores de jabones, toallas y demás elementos necesarios para arrendar a un turista.

También hay que tener en cuenta que una propiedad vacacional sufre un desgaste mayor que una renta tradicional porque durante las vacaciones los inquilinos se relajan más y no tienen mucho cuidado. Por ejemplo, se bañan en la piscina o en el mar y se sientan en los muebles con la ropa mojada o con arena. En general, las personas no son tan cuidadosas en vacaciones y esto se traduce siempre en un mayor gasto para el dueño de la propiedad.

Además, debemos pensar también que ir todos los años al mismo lugar puede acabar convirtiéndose en una obligación y con el tiempo quizás desees cambiar o los hijos ya crecidos prefieran hacer otros planes.

Por último, existe también la desventaja de que las propiedades vacacionales suelen estar algo alejadas de nuestro lugar de residencia habitual por lo que si hubiese algún problema es más complicado ir a solucionarlo.

Tantas son las desventajas que si quieres una propiedad con descuento, financiada por el dueño y amueblada, no tienes más que ir a una zona vacacional y verás cómo te sobran las opciones. Quizás los agentes inmobiliarios de la zona te intenten convencer de lo contrario, porque ese es su trabajo, pero si les envías a todos los vendedores una oferta con un 30% de descuento, aunque no conozcas ni siquiera la propiedad, te sorprenderá lo motivados que estarán.

Quizás te ofrezcan proyectos en los que se comprometen a arrendar a través de Airbnb o Booking mientras tú estás cómodamente en casa a tres mil kilómetros de distancia, pero la realidad no es esa. La realidad es que el apartamento sólo se puede arrendar un determinado número de días según la temporada y también hay que tener en cuenta la competencia, el clima y todo el resto de factores que afectan al turismo.

En resumen, si puedes comprar algo que está a una hora de tu casa o menos, que puedes arrendar con facilidad, que entiendes cuáles son tus gastos y cuánto debes cobrar y que sabes que podrías vender cuándo y cómo quisieras... ¿Por qué meterte en algo que no conoces, no entiendes y no controlas?

Locales comerciales

En este tipo de propiedad, si el local está muy bien ubicado tiene la ventaja de que el inquilino puede durar muchos años y es él mismo quien se ocupa de los gastos de mantenimiento. Además, por lo general, la legislación de la mayoría de los países facilita que se les pueda subir la renta.

Por otro lado, una desventaja es que cuando se desocupan pueden tardar meses en volver a arrendarse de nuevo y si están en un centro comercial es frecuente que estés obligado, por contrato, a poner un negocio ya que no permiten que el local esté vacío. Otra desventaja de los centros comerciales es que también pueden limitar el tipo de negocio que ocupe el local. Esto para un inversionista con recursos limitados puede resultar complicado, por ello es importante conocer las reglas y limitaciones del centro comercial antes de invertir en un local.

Conozco a varios inversionistas cuya estrategia es adquirir un pequeño edificio de tres pisos en un barrio popular. De estos tres pisos dedican, el de abajo a un local comercial y los pisos superiores para alquilar los apartamentos. De esta manera combinan dos tipos de propiedades en una.

Oficinas

Todo lo que sé sobre invertir en oficinas lo he aprendido de mi amigo Juverley Londoño, que ha creado su patrimonio a base de arrendar oficinas. Él siempre cuenta la historia de una sociedad que tenía con otros tres amigos y que liquidaron, quedándose con 25.000 dólares cada uno. Mientras sus amigos utilizaron su dinero para comprarse automóviles, Juverley pagó la cuota inicial de una oficina de 50.000 dólares en una buena zona de la ciudad.

A los cinco años, a uno de los socios le habían robado el coche, el otro lo había estrellado y el tercero aún lo conservaba pero se había desvalorizado perdiendo así gran parte de lo invertido. En cambio, Juverley ya había terminado de pagar la oficina con el dinero del arriendo y su propiedad se había valorizado en 70.000 dólares, o sea que había casi triplicado su inversión y ya tenía un flujo positivo de 700 dólares al mes.

Te invito a escuchar su historia en el episodio #7 Cómo invertir y crear renta con oficinas, de mi podcast «Ingresos reales con bienes raíces».

Lotes

Los lotes pueden resultar una buena fuente de ingresos pasivos con gastos mínimos si es que pueden usarse como parqueaderos o depósitos para empresas. Para ello se requiere un permiso por parte de la ciudad, por eso, si no se tiene experiencia o tiempo para este negocio es mejor arrendárselo a alguien que lo maneje.

Cuidado con lotes en lugares distantes que pensemos que un día llegarán a valorizarse, es mejor utilizar ese dinero para pagar la cuota inicial de una casa o un apartamento que ya está valorizado y que te va a dar una renta desde el primer día.

Consultorios médicos y odontológicos

Si estos se encuentran en un centro concurrido por los profesionales pueden llegar a ser una muy buena inversión ya que los doctores suelen arrendar su consultorio durante muchos años, el mantenimiento es mínimo y se le puede subir la renta con más facilidad que a una vivienda.

La desventaja es que frecuentemente los edificios son excluyentes en las profesiones que pueden usar la oficina.

Bodegas

Las bodegas pueden ser también una buena inversión dependiendo del lugar, las características de la construcción y el tipo de negocio que la ciudad permita en ese lugar. Las bodegas que lograron quedarse dentro de las ciudades pueden tener mucha facilidad para adquirir clientes.

Una ventaja para el inversionista es que por lo general es una renta a muy largo plazo ya que para la empresa es muy costoso cambiar de lugar. Además, el inquilino es el que paga el mantenimiento y la renta se puede ajustar con mayor facilidad que la de una vivienda familiar.

Sin embargo, debemos tener precaución con una cosa: si la empresa tiene problemas financieros y no puede pagar la renta es más difícil manejar esta situación que cuando los inquilinos son una familia. También hay que tener en cuenta que si la propiedad se queda desocupada pueden pasar varios meses hasta que se encuentre al próximo inquilino.

Tiempo compartido

Para este tipo de negocio tengo sólo tres palabras: NO, NO y NO. Es la peor inversión que conozco, sólo la supera jugar en un casino de Las Vegas. Básicamente es pagar por un derecho que después resultará casi imposible vender.

En realidad, lo único que se está comprando es la obligación de pasar las vacaciones en un lugar y con el dinero que se paga de «mantenimiento» anualmente podrían costearse otras vacaciones en un buen hotel y en el lugar que uno prefiera.

Suites hoteleras

Este caso es parecido al tiempo compartido: el comprador firma un contrato en el que le ofrecen —como si fuera una maravilla— unos días al año en un apartamento que no controla, porque son otras personas las que arriendan y manejan la rentabilidad como quieren. Es decir, usted se convierte en socio del hotel pero no tiene ningún poder de decisión. No se compra un bien raíz, se compra un derecho o título con grandes limitaciones para venderse después.

Quizás los folletos de ventas de propiedades lo pinten de una forma muy linda pero si te fijas, al final de la hoja siempre hay un asterisco que indica que todo lo dicho anteriormente es relativo y en realidad son solo proyecciones. Y, como ya he dicho, vender luego es muy difícil porque ningún inversionista con educación va a invertir en algo que no controle o que no vea claro.

Así que, recuerda: compra aquello que sea fácil de arrendar y de vender y que te dé un flujo positivo.

Crowdfunding

El término hace referencia a grupos de inversionistas que compran propiedades grandes y ofrecen a otras personas la posibilidad de invertir en ella.

Si decides invertir en este tipo de negocio, la rentabilidad que obtengas dependerá del tipo de proyecto y tendrás el compromiso de continuar invirtiendo, como mínimo, entre tres y cinco años. Algunos te ofrecerán participación en la valorización de la propiedad y otros no.

Esto es una buena opción para inversionistas pasivos, pero es muy importante investigar bien el proyecto antes de comprometerse a invertir en él. En mi opinión, esto no es una inversión en bienes raíces sino una inversión financiera en un portafolio de bienes raíces.

En resumen, podrás ver que todos los tipos de negocio tienen sus ventajas y sus desventajas, pero algunos tienen tantas contras que las considero una mala inversión. Otras, en cambio, pueden ser un buen negocio si tenemos en cuenta los detalles mencionados y nos manejamos con la cautela necesaria. Esta es mi opinión, pero puede ser diferente para cada persona.

Recibe más recursos e ideas de Carlos Devis...

INSCRÍBETE EN

**www.mipazfinanciera.com**

CAPÍTULO 18

POR QUÉ NO COMPRO PROYECTOS SOBRE PLANOS

«Es mal negocio, flujo negativo durante muchos meses y muy arriesgado».

¿Por qué debería comprar más caro, con mayores riesgos y un flujo negativo durante dos o más años cuando puedo comprar con descuento, seguridad y sin flujo negativo?

No es que tenga nada en contra de los constructores, yo mismo lo he sido y sé que la mayoría de ellos son buenos y simplemente están haciendo su trabajo, pero mi objetivo es educar al comprador para que tome una decisión más acertada y por eso quiero explicarte por qué estoy en desacuerdo con comprar sobre plano.

Muchas de las personas que compran sobre plano defienden su decisión con el argumento de que así se obligan a ahorrar, pero hay muchas maneras distintas de obligarse a ahorrar.

Por ejemplo, puedes establecerte a ti mismo una multa por cada mes que no ahorres y pagársela a tu pareja, puedes donar un cheque de 100 dólares al político que más odies o ir a la reunión de tus amigos llevando la camiseta del equipo contrario al tuyo. En resumen, hay muchas medidas que puedes tomar para forzarte a ahorrar algo de dinero mensualmente, no vale la pena tomar riesgos para hacerlo.

Si compras un proyecto sobre planos, al final te estarás arriesgando con un contrato que te obliga a pagar una suma considerable al mes y que tendrás que seguir pagando, aunque pierdas tu trabajo o tengas una emergencia familiar, lo que puede generar que tengas que conseguir los recursos a un alto costo. Por eso, yo te recomiendo la alternativa de buscar inmuebles ya construidos con descuento que puedas arrendar inmediatamente.

Invertir por valorización es simplemente una apuesta

Otro argumento que dan aquellos que invierten sobre plano es que «es un buen proyecto que se va a valorizar» pero, realmente, nadie puede predecir si el mercado de inmuebles tendrá un ajuste o continuará subiendo. Si llegara a haber un ajuste, las ventas de los proyectos pueden llegar a paralizarse durante años. Por eso, invertir por valorización es una apuesta y, como todas las apuestas, puede no salirte bien.

Cuando una persona compra sobre plano da un porcentaje de la cuota inicial y si el proyecto va bien y se valoriza al final puede revender el apartamento ganando la valorización, no sólo sobre el porcentaje pagado de la cuota, sino sobre todo el apartamento. Si esta estrategia sale bien es, sin duda, un gran acierto y seguramente muchas personas habrán obtenido grandes resultados llevándola a cabo. Pero eso no implica que no sea una estrategia arriesgada y a continuación te describiré algunos de los riesgos más destacados:

Te vuelves socio del constructor cuando él pierde y cliente cuando gana

Hace tiempo conocí a un constructor muy exitoso, con una larga trayectoria en el mercado y que gozaba de una gran reputación. Cuando se encontraba inmerso en un proyecto de construcción de 500 casas —de las cuales ya había vendido 254— tuvo una disputa conyugal con su esposa y ésta decidió presentar una demanda de divorcio. A raíz de la demanda todos los bienes del constructor fueron embargados, afectando así a los 254 compradores que tardaron más de 5 años en poder legalizar su inversión mientras seguían teniendo que pagar religiosamente las cuotas de la hipoteca al banco.

Lo que quiero que comprendas con este ejemplo es que, si al constructor le surge un problema de flujo de caja, las ventas no van tan bien como tenía programado, se queda sin recursos antes de terminar la obra o sufre cualquier otro problema técnico, tu dinero acabaría viéndose afectado y tu propiedad podría pasarse años desvalorizándose sin que tú puedas hacer nada para evitarlo.

Por otro lado, si el constructor no sufre ningún problema y todo le va bien, tú recibes tu inmueble, pero también podrías haber adquirido en otra parte un inmueble de características parecidas sin arriesgarte a problemas o demoras.

Asumes los riesgos del constructor

Durante la construcción del inmueble pueden ocurrirle muchas cosas al constructor: puede ser que le revoquen la licencia para realizar el proyecto, que le interpongan una demanda, caiga en quiebra, sufra por una caída del mercado, se pelee con sus socios, no consiga préstamos del banco…

Hay miles de problemas que podrían afectar a un constructor, por muy honrado y correcto que sea, y todos acabarían convirtiéndose en problema tuyo.

Pensándolo de esta manera, ¿por qué deberías arriesgar tu dinero invirtiendo en un proyecto sobre plano?

El constructor te hará competencia para arrendar o vender

Si tienes la suerte de no sufrir ningún contratiempo y la construcción va como debería, no tardarás mucho en recibir tu inmueble. Una vez lo hayas recibido querrás arrendarlo o venderlo, pues para eso lo adquiriste. Pero claro, la mayoría de propietarios del resto de inmuebles del edificio también querrán vender o arrendar y saldrán al mercado al mismo tiempo que tú.

Y eso no es lo peor, lo peor es que, por lo general, muchos de los constructores y sus socios acaban quedándose con inmuebles del edificio construido para sacar un beneficio y ellos podrán ofrecer un mayor descuento y mayores facilidades a los compradores interesados. Si esto ocurre pueden llegar a pasar meses o incluso años hasta que consigas arrendar o vender el apartamento y mientras tanto, deberás seguir pagando la hipoteca, gastos de administración, impuestos, seguros, mantenimiento...

Compras sin saber qué te entregarán

Hace unos días una estudiante mía que trabaja para una gran constructora me confesó que al hacer los apartamentos, los techos de los baños principales habían quedado tan bajos que había que entrar agachado.

¿Te imaginas tener que vender o alquilar un piso que cuenta con ese defecto?

Pues algo así te puede ocurrir a ti también si compras sobre plano, y para entonces ya no podrás hacer nada para remediarlo.

La mayoría de compradores no entienden de construcción y por tanto, cuando firman los contratos no son conscientes del tipo de acabados con los que contará la propiedad o incluso puede que al entregar el apartamento les digan que esos acabados solo correspondían al apartamento modelo y que habría que haber pagado un dinero extra en la compra para contar con ellos.

En resumen, se compra sin ver, sin entender, y cruzando los dedos para que el constructor cumpla con lo prometido.

Hay que pagar multas muy altas para abandonar el proyecto

Para ilustrar este caso te pondré de ejemplo una historia que me contó otra estudiante recientemente:

Ella compró dos apartamentos sobre plano en un proyecto que le atrajo mucho. Cuando ya llevaba ocho meses pagando las cuotas del proyecto, recibió una multa por impuestos con un importe muy alto y que debía pagar de inmediato si no quería perder una propiedad que tenía un gran valor para ella.

En ese momento decidió acudir al banco y consiguió que le concedieran un préstamo, pero las cuotas eran tan altas que casi no alcanzaba a pagarlas. Era tal su situación que decidió hablar con el constructor para pedir que le devolviesen el dinero que había invertido en el proyecto.

Este le respondió que al haber firmado un contrato tendría que pagar una multa y el valor de la misma ¡igualaba la cantidad del dinero invertido! Por lo tanto, su única opción era continuar pagando las cuotas del proyecto durante los dos años que restaban hasta su finalización.

Cuando la estudiante salía de la oficina del constructor, descontenta por la respuesta que había obtenido, le entregaron una carta en la que se le informaba que debido a «razones técnicas insalvables» la entrega del inmueble se demoraría seis meses más de lo establecido en un principio. Eso sí, sin que le pagaran ni un centavo por la demora.

Compras más caro

Comprar un inmueble de nueva construcción siempre resulta más caro que comprar un inmueble que ya ha sido habitado.

Esto es así, no solo por el valor del metro cuadrado, sino que también hay que tener en cuenta que los constructores tienen una gran habilidad para vender adicionales a sus clientes, y estos adicionales pueden acabar incrementando el precio de venta en un 5-10%, aunque realmente no suelan sumar nada al precio real del inmueble.

Por eso, en cuanto a bienes raíces, es mejor comprar un inmueble que ya tiene cuatro o cinco años que comprar uno nuevo, ya que el edificio o el conjunto de edificios será más maduro, los jardines y la administración estarán mejor organizados y los problemas con los que cuentan las nuevas construcciones, como pueden ser las goteras, ya habrán sido reparados.

Dos o tres años de flujo negativo

Cuando compro un inmueble siempre trato de tener un flujo positivo desde el día de la compra.

No sólo porque sea un buen negocio, sino porque así minimizo el riesgo y además puedo utilizar el arriendo que paga mi inquilino como fuente de pago para la hipoteca.

Sin embargo, si compras sobre plano tú serás la fuente de pago del constructor durante meses o incluso años.

Por esa razón, yo prefiero una ganancia segura hoy.

No puedes asegurar que el banco vaya a darte un crédito

Los bancos cambian sus políticas de préstamos continuamente de acuerdo a la economía general o a su estrategia de mercado. Por esa razón, aunque un banco te diga hoy que te concede un préstamo, no puedes estar seguro de que la situación sea la misma dentro de tres años.

Además, aunque el banco no haya cambiado su política de préstamo, quizás sea tu situación particular la que cambie en ese tiempo, modificando de esa manera tu perfil de crédito: puede ser que tengas un problema de salud que te impida trabajar o que te hayas atrasado un par de meses en pagar alguna factura. Si esto sucede resultaría mucho más complicado que pudieras conseguir un préstamo.

Supongamos que hemos adquirido un inmueble sobre planos. Durante tres años hemos pagado con mucho esfuerzo la cuota inicial del 30 por ciento al constructor y, finalmente, éste nos llama y nos informa de que el inmueble ya está terminado. En ese momento acudimos al banco a pedir un préstamo sobre el que nos informamos tres años antes pero ahora el banco no nos lo concede.

¿Qué haríamos entonces? Seguramente encontraríamos alguna salida pero puedo asegurarte que ninguna de ellas sería barata, ni indolora.

Por eso, mi opinión es que si sabes que hoy te van a conceder un préstamo, haz hoy la compra, ya que nadie te puede garantizar que al cabo de un par de años el banco vaya a seguir prestándote el dinero.

Para enriquecerte con la experiencia de otras personas, te recomiendo que escuches la historia de Constanza en el episodio #204 de mi podcast «Mi pesadilla al comprar bienes raíces en planos».

Ella invirtió todos sus ahorros y los de su familia para comprar el apartamento de sus sueños, pero su esposo perdió el trabajo y no solo pueden perder su inversión, sino que además podrían quedar debiendo dinero.

En este episodio entenderás los peligros inmensos de comprar en planos que la mayoría de las personas ignora.

Recibe más recursos e ideas de Carlos Devis...

INSCRÍBETE EN

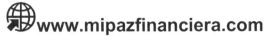 www.mipazfinanciera.com

CAPÍTULO 19

VENTAJAS Y DESVENTAJAS DE AIRBNB

«Las reglas y los números de Airbnb cambiarán. Compra calculando renta tradicional».

Airbnb es, sin duda, una herramienta revolucionaria que permite a cualquier persona competir de forma ventajosa con los negocios hoteleros, sin necesidad de hacer la gran inversión que ellos han realizado y sin costos fijos para mantener el negocio. Es por tanto una gran oportunidad de inversión, pero es un negocio que no durará mucho en su forma actual por tres razones:

- Las ciudades crearán cada vez más legislaciones para regular el alquiler de vivienda turística y cobrarán mayores impuestos por su explotación.

- Los hoteles, que cuentan con grandes inversores y significan una buena fuente de ingresos para muchas ciudades, harán presión sobre los ayuntamientos y gobiernos para limitar la competencia de los Airbnb.

- Las barreras de entrada al negocio del Airbnb son muy bajas, esto permite que cualquier persona pueda entrar, lo que genera una gran competencia y provoca que los precios vayan a la baja.

Pero antes de que esto ocurra, mientras todavía sea posible sacar provecho de este negocio, voy a darte unos consejos de cómo puedes usar Airbnb para tu beneficio.

A través de la plataforma, cualquier persona puede arrendar una habitación, un apartamento o incluso una mansión. Es muy sencillo, los únicos pasos necesarios son: abrir una cuenta, contar con fotos de calidad de la propiedad que se oferta y tener la disposición para estar pendiente de recibir a los huéspedes y resolver sus dudas y problemas, ya sea por mensaje o por teléfono, durante su estancia.

Si no cuentas con disponibilidad suficiente para encargarte de los huéspedes también existe la opción de contratar a un *co-host*. Éste será el que se encargue de anunciar la propiedad en la plataforma, elegir y organizar a los inquilinos y coordinar la limpieza y preparación del inmueble.

La misma plataforma te sugiere cuánto debes cobrar a los clientes según las características de la propiedad y hace el reparto del dinero entre el dueño de la propiedad y el *co-host*, en las proporciones que se le haya indicado anteriormente.

Además, una gran ventaja de Airbnb es que ofrece a los dueños de los inmuebles seguros por daños y por robos, y para seleccionar a los huéspedes les facilitan las referencias que otros propietarios hayan dado sobre ellos.

En cuanto a los ingresos, si el inmueble se arrendara todos los días, el propietario podría llegar a ganar tres veces más de lo que ganaría con una renta tradicional. Sin embargo, es muy improbable que esto ocurra.

La cantidad de días al mes que se puede arrendar un Airbnb depende de muchas variables: del precio que se cobre por día, de la competencia que exista en la zona, de la temporada del año e incluso de la calificación que tenga el propietario en la plataforma, pues cuantos más huéspedes haya tenido y mejor calificación le hayan dejado, más destacada será la posición en la que le anuncie la plataforma.

En la actualidad Airbnb resulta un gran negocio para miles de personas y muchas de ellas incluso no son propietarias de los inmuebles que alquilan. Sí, así es. Si quieres saber a lo que me refiero te recomiendo que escuches el episodio #112 «Once propiedades en Airbnb sin ser el dueño» de mi podcast «Ingresos reales con bienes raíces».

Cuando hablo con mis alumnos de comprar una propiedad para utilizarla como Airbnb siempre les aconsejo que hagan los números como si fuesen a alquilar mediante renta tradicional. Esto lo digo por varias razones:

- Si la propiedad es un apartamento dentro de un edificio, es posible que la administración prohíba la renta para Airbnb en cualquier momento. Es más, muchos edificios ya lo prohíben.

- La competencia es cada vez mayor.

- Como he comentado anteriormente, las ciudades controlan cada día más el negocio y, cada vez, lo grabarán con mayores impuestos; los propios hoteleros están detrás de esta estrategia porque buscan limitar la competencia.

- En algunas ciudades europeas como Madrid, Barcelona o Berlín ya limitan el número de días que una persona puede arrendar su propiedad a través de Airbnb —en este caso seis semanas al año—. Si la persona excede este número se arriesga a que le pongan una multa o incluso a la expropiación del apartamento en algunos casos. Puedes escuchar más al respecto en el episodio #147 de mi podcast, titulado «¿Cuál es el futuro de Airbnb?».

Después de estos consejos y advertencias me gustaría dejar claro que, en mi opinión, **mientras dure tal y como está ahora, airbnb**

puede ser una gran oportunidad de negocio y me gustaría ilustrarlo mejor con un ejemplo:

Uno de mis alumnos llamado Sergio y su esposa Jennifer se encontraban en una situación financiera muy difícil. Preparados para poner todo de su parte y salir de ella, decidieron organizar sus finanzas y arrendar un cuarto de su apartamento a través de esta plataforma.

Con el dinero que ganaron compraron su primer apartamento para Airbnb con un 30% de descuento, utilizando las técnicas que aprendieron en mi taller. En menos de 3 años lograron tener 7 apartamentos dedicados al alquiler vacacional, los cuales les producen unos ingresos pasivos equivalentes a la mitad del salario de Sergio. Jennifer se dedica a llevar el negocio de los Airbnb y ha convertido en tal experta que incluso imparte cursos sobre la plataforma. No te pierdas su historia completa, puedes encontrarla en mi podcast «Ingresos reales con Bienes Raíces» episodio #161 «De la quiebra a 7 apartamentos en 24 meses».

Así que, ya sabes, si tienes oportunidad de aprovecharla en estos momentos… ¡Pues adelante!

Recibe más recursos e ideas de Carlos Devis…

INSCRÍBETE EN

**www.mipazfinanciera.com**

# CAPÍTULO 20

CLAVES PARA COMPRAR TU CASA DE HABITACIÓN UTILIZANDO LA VISIÓN DE INVERSIONISTA

«Compra como si fueras a vender o arrendar mañana».

La compra de la vivienda propia es la mayor inversión, la deuda más grande, el pago mensual más cuantioso y más duradero que tendrá en su vida un gran porcentaje de las personas. Y además, será el activo más importante que les dejen a sus herederos al morir.

Pese a esto, si preguntas a alguien por qué compró el inmueble lo más probable es que recibas una respuesta parecida a ésta: «Nos gustó y nos concedieron el crédito».

La inversión en inmuebles es muy noble y, en 4 ó 5 años, lo que era la peor compra posible puede convertirse en el mejor negocio del mundo.

Lo que compramos, sin tener ni idea, puede hacernos parecer de repente unos genios, ya sea porque el valor de la propiedad suba o porque la zona en la que se encuentra mejore con el tiempo.

El gran riesgo, sin embargo, es el flujo mensual y ahí es donde todos podemos sufrir las consecuencias de una mala compra.

Por ello, me gustaría darte algunas claves para evitar que la casa de tus sueños se convierta en «tu peor pesadilla».

Elige un inmueble que te permita pagar la hipoteca y los gastos mediante su arrendamiento

Cuando compramos un inmueble, si no somos inversionistas, podemos pensar que será nuestro hogar por muchos años, que no lo hacemos por «negocio».

Pero al final pueden suceder muchas eventualidades que nos obliguen a dejar de vivir en la propiedad: traslados, cambio de residencia, desafíos de salud o trabajo, separación o incluso la muerte de un ser querido.

Al igual que hay personas que estudian durante años una profesión para después trabajar en algo completamente distinto, de la misma manera pensamos que vamos a vivir en el mismo lugar durante un largo periodo de tiempo y de repente, por las razones que sean, nuestros planes cambian.

Vender un inmueble es un proceso costoso y puede llegar a suponer el gasto de hasta el 10% del precio de venta. Tal vez sea la mitad, o incluso más, de la cantidad que dimos como cuota inicial para la compra. Una cantidad que para muchos pueden suponer una gran parte de los ahorros que acumularon con esfuerzo para dedicarlos a ese fin.

No obstante, si la propiedad se puede arrendar con facilidad y la renta cubre la hipoteca, los impuestos y los seguros, los propietarios pueden estar tranquilos porque cuentan con un inmueble que prácticamente se pagará solo.

Los inquilinos aportarán el dinero para cubrir esos gastos, la renta subirá, la deuda con el banco bajará, la propiedad podrá valorizarse y los propietarios tendrán sus ingresos libres para invertir en otro inmueble.

No calcules la hipoteca en base a los ingresos combinados de la pareja

Todos somos muy conscientes de lo inestables que son los empleos. Cualquier día podemos llegar al puesto de trabajo, en el que llevamos diez años y salir, media hora más tarde, con una caja de cartón con fotos familiares, una taza y un lapicero viejo, pues hemos sido despedidos, sin razón ni preaviso.

Así funcionan las empresas hoy en día.

Si eso sucede, ¿cómo puede afrontar una pareja el pago de la hipoteca y los gastos de la casa cuando sólo cuenta con los ingresos de uno de ellos? En muchos casos esto puede significar la pérdida de la propiedad o por lo menos, puede suponer un problema muy costoso.

No destines más del 25 % de los ingresos de uno de los dos si ambos trabajan y recuerda (te lo repetiré mil veces) que el arriendo pague la hipoteca.

No inviertas en extras que no aportan valor a la propiedad

Cambiar los suelos, la cocina o los baños puede suponer un gran gasto para el propietario y sin embargo no mejora el valor del inmueble para su venta o arrendamiento.

Mi consejo es que, si estás empezando, cuides tu flujo mensual de gastos y no dejes que el entusiasmo empañe tu criterio de gasto. Jacuzzi, piscina, salones de audiovisuales, no aumentan el precio de una propiedad en la gran mayoría de las ocasiones y sí pueden aumentar los seguros y los gastos de mantenimiento.

Mejor utiliza materiales neutrales o busca promociones de materiales «de segunda» en grandes tiendas. Muchas veces podrás encontrar materiales con pequeños defectos casi invisibles a la vista pero que harán una gran diferencia en el presupuesto. De la misma manera, evita pedidos especiales que tengan un gran sobrecosto.

Pregúntate cuánto pagarías de arriendo si la propiedad no fuese tuya

Si la respuesta es una cantidad menor que la cuota que vas a pagar mensualmente de hipoteca, es que estás pagando de más. Y me dirás «claro, pero no estoy tirando el dinero en un alquiler, estoy destinándolo a pagar mi propiedad».

Es verdad, pero también es verdad que podrías estar pagando una propiedad por el mismo o incluso menos dinero de lo que pagarías de renta y de esta manera evitas el riesgo de perder el inmueble si un día no tienes dinero suficiente para seguir pagando las cuotas.

Busca un inmueble que se pueda arrendar o vender con facilidad

Como te he mencionado varias veces, en lo que respecta a bienes raíces el negocio se hace cuando uno compra, no cuando vende.

Por ello, antes de comprar debes averiguar la facilidad con la que se suelen vender los inmuebles en esa zona y en qué precio rondan los alquileres.

Acércate a los vecinos, a los porteros de los inmuebles, y hazles preguntas que ayuden a tu decisión.

Por ejemplo:

«¿Qué es lo que te gusta y lo que no te gusta de vivir aquí?».

«¿Si pudieses volver a elegir, comprarías de nuevo aquí?».

«¿Sabes quién está vendiendo o arrendando por la zona y cuánto llevan intentándolo?».

«¿Han tenido ofertas?».

«¿Hay alguna obra o reparación mayor que tiene planeada la copropiedad en los próximos años?» (un cambio de techos de ascensores o pisos puede ser una cuota extraordinaria que te mate tu flujo durante un tiempo).

Estas son algunas de las preguntas que pueden ayudarte a hacerte una idea de si comprar un inmueble en esa zona es una buena inversión o no; no te imaginas todo el dinero que te puedes ahorrar gracias a estas conversaciones.

Estudia más de cien propiedades antes de comprar

Teniendo en cuenta que vas a realizar la mayor inversión de tu vida y vas a comprometerte en una gran deuda con una gran duración, ¿no crees que vale la pena analizar todas las opciones disponibles?

Quizás al final llegues a la conclusión de que tu primera opción era la mejor, pero será diferente porque podrás afirmarlo con certeza.

Si utilizas este criterio para comprar te prometo que tu vida financiera cambiará para siempre, y que una vez lo tengas en la cabeza... ya no lo podrás olvidar.

Recibe más recursos e ideas de Carlos Devis...

INSCRÍBETE EN

www.mipazfinanciera.com

 **CAPÍTULO 21**

CÓMO COMPRAR CON 30% O MÁS DE DESCUENTO
EN CUALQUIER MERCADO

«Siempre hay gangas, si sabes buscar y tienes paciencia, en cualquier ciudad en cualquier mercado».

El precio de un inmueble no depende del mercado, sino de la necesidad y del dueño. Por lo general, el consumidor piensa que los precios de los inmuebles los determina el mercado y son inamovibles. En cambio, **un inversionista sabe que el mercado sólo da un punto de referencia y sobre ese punto busca el descuento, la oportunidad y un dueño motivado.**

En cualquier mercado, y en cualquier momento, se pueden encontrar inmuebles con un 30-40% o más de descuento. Lógicamente, hay que tener en cuenta que cuanto más vigoroso esté el mercado, más altos serán los precios y más difícil nos resultará encontrar gangas.

Cuando crees un sistema eficiente para buscar gangas, verás que encontrarás más propiedades de las que puedes comprar. Crear este sistema toma tiempo, requiere de mucha paciencia y eventualmente, cierta inversión financiera, pero te aseguro que funciona.

¿Cómo puedes identificar a un vendedor motivado? Pues por ejemplo, imagínate dos casas idénticas que se encuentran una junto a la otra; en una de ellas vive una familia cuyos dueños se mudaron desde otra ciudad hace unos meses debido a un ascenso en el trabajo y acaban de adquirir la propiedad porque la madre de la mujer vive a tan solo cinco minutos de la casa y el colegio de los hijos está también muy cerca. En cualquier caso, toda la familia se encuentra feliz en esa casa. En la casa vecina vive un hombre divorciado con problemas financieros: está endeudado, no tiene empleo y cree que la casa es muy grande para vivir él solo.

En esa situación, ¿qué vecino crees que vendería la casa con mayor descuento? Pues eso es lo que en el lenguaje de bienes raíces llamamos un vendedor motivado.

No se trata de abusar de nadie, nos referimos a personas que van a vender su inmueble de todas maneras y tienen prisa para hacerlo por lo que están dispuestas a hacer un descuento sobre el precio. Al final se puede realizar un negocio en el que las dos partes ganen: el vendedor consigue la liquidez que busca antes de que se agraven sus problemas y el vendedor compra la propiedad por un precio menor y cierra el trato más rápido.

Este tipo de ofertas son las que busca un inversionista educado. No digo que sea fácil, hay que buscarlas y también tienen sus desafíos, pero los descuentos pueden ser muy significantes. Quiero que tengas en cuenta también que uno no puede «motivar a un vendedor», el que tiene urgencia por vender la tiene por razones que no dependen de la capacidad que tengamos como negociadores.

¿Quiénes pueden ser vendedores motivados? Personas que se estén divorciando, que se trasladan de ciudad por salud o por trabajo, herederos que no quieren la propiedad ni los gastos que vienen con ella, personas con problemas financieros que tienen prisa por vender…

Para plasmarlo en una historia, te contaré sobre Alfredo, un arquitecto uruguayo que tras vencer una enfermedad muy seria decidió enfocarse en el negocio de bienes raíces. Una tarde recibió una llamada inesperada de un amigo que no veía desde hacía mucho tiempo. Le contó que iba a divorciarse y le pidió si podía salirle de testigo. Alfredo recordó que su amigo tenía una casa situada en una zona magnífica con un terreno de varias hectáreas, un dique, un pequeño bosque, piscina... un lugar increíble. Inmediatamente se dio cuenta de que tenía a un vendedor muy motivado del otro lado del teléfono.

Al día siguiente se reunieron y al conversar sobre la casa su amigo le dijo que debía venderla y que no sabía cómo iba a hacer, porque era una propiedad muy grande y cara, valía 550.000 dólares. Alfredo automáticamente le dijo que se la compraba pero, en realidad, no tenía el dinero para hacerlo.

Entonces, le hizo varias preguntas para poder evaluar qué estrategias utilizar y en base a lo que él podía lograr y su amigo necesitaba para salir del problema, acordaron un alquiler mensual de 1.200 dólares (que ni siquiera pagaría él de su bolsillo, lo pagaría su empresa), con opción a compra y él le mantendría el precio acordado, que finalmente fue de 500.000 dólares, por un año. Si quieres conocer el fantástico plan que tiene Alfredo para esa propiedad, te invito a escuchar la historia completa en el episodio #31 «Cómo compré con el arriendo una casa de $500 mil dólares» de mi podcast «Ingresos Reales con Bienes Raíces».

¿Y cómo podemos encontrar nosotros también a esos vendedores motivados? A continuación te dejo varias vías que puedes utilizar para hallarlos.

Profesionales: abogados, contadores, sacerdotes, dentistas, peluqueros... A los profesionales que conozco les digo que compro propiedades en poco tiempo en cualquier estado. Esto no quiere decir que vaya a comprar cualquier propiedad que me ofrezcan, pero lo que quiero es buscar oportunidades; después si el inmueble no me interesa lo rechazo y agradezco la ayuda que me han prestado. Además, por cada negocio que cierre les ofrezco un pequeño bono. Créeme, no se pierde nada por preguntar.

Agentes de bienes raíces: les dices qué tipo de inmueble es el que te interesa y en qué zona y les ofreces un bono si acabas cerrando el negocio, esto hará que te avisen cada vez que surja una oportunidad de ese tipo.

Llamar a los avisos de venta: debes fijarte en aquellos avisos que contienen frases como «urgente», «oportunidad» o «motivo: viaje», ya que son signos de posibles descuentos.

Un aviso pequeño y envejecido también puede ser un signo de posible descuento, ya que puede representar que quieren vender desde hace mucho pero no han podido todavía.

Publicar avisos: publicas un anuncio con tu información en algún periódico o emisora local o incluso en las redes sociales en el que digas que compras inmuebles de manera rápida y que no te importa el estado en el que se encuentre el inmueble. En este caso es importante que menciones también en qué zona estás interesado en invertir, de esta manera los interesados acudirán a ti.

Pre-remates: por lo general yo no les recomiendo a mis estudiantes comprar en remates a menos que conozcan muy bien el sistema y los procesos porque fácilmente pueden convertirse en un hoyo negro arriesgado e impredecible para aquel que no los conoce bien.

En cambio, si es un pre-remate, en el que los dueños están a punto de perder la propiedad y el negocio se hace con ellos, puede ser una buena oportunidad y más si se hace con un buen abogado que te ayude a legalizar el negocio si se cierra.

¿Qué preguntas hacerle a un vendedor? Yo siempre hago las mismas:

- ¿Por qué vende esta propiedad tan bonita?

- ¿Ha tenido ofertas? ¿Le puedo preguntar de cuánto eran estas ofertas y por qué no las aceptó?

- ¿Puedo preguntarle qué va a hacer con el dinero? Le hago esta pregunta porque soy inversionista y quizás pueda darme ideas para facilitar si hacemos cualquier negocio.

Puede que estas preguntas parezcan fuertes. Algunas personas no te responderán, pero te sorprenderá ver cuántas lo harán abiertamente. Has de tener en cuenta también que no debes dar por cierto todo lo que te respondan, pero si haces suficientes preguntas, al final recibirás mucha información que te será útil a la hora de negociar.

Por ejemplo, si el vendedor te contesta que va a utilizar el dinero para pagarle una deuda al banco, puedes ofrecerte a pagar la deuda como parte de pago del inmueble y después negociar un descuento sobre la deuda con el banco o refinanciarla con tu crédito a un buen interés que el vendedor nunca lograría.

Otro ejemplo es que si el vendedor te dice que quiere utilizar el dinero para pagarle un viaje de estudios a su hija a Australia, puedes comprometerte a pagar tú el viaje como parte del pago y hacerlo usando tu crédito promocional con tarjetas de crédito.

De todas maneras hablaremos en profundidad de todo esto más adelante, cuando lleguemos al tema de la financiación.

En resumen, no es fácil encontrar una propiedad con un gran descuento en un mercado de vendedores, pero es posible. Al final solo se trata de un problema de números, y de buscar y preguntar. Es posible que aun haciendo esto no encuentres una ganga pero lo que sí es seguro es que si no lo haces... ¡nunca la encontrarás!

Recibe más recursos e ideas de Carlos Devis...

INSCRÍBETE EN

**www.mipazfinanciera.com**

 # CAPÍTULO 22

ESTRATEGIAS DE NEGOCIACIÓN

«Si sabes con claridad lo que quieres,
podrás negociar mejor».

Si lo piensas bien, en nuestra vida diaria estamos negociando constantemente, ya sea con nuestra pareja, con nuestros hijos, nuestros compañeros de trabajo o nuestros clientes.

Si quieres mejorar como inversionista en bienes raíces también es muy importante aprender a negociar y para ello te daré algunas claves que aprendí de Chester Karrass (*Negociación efectiva* y otros libros sobre negociación). Dice que tú no consigues lo que mereces sino lo que negocias.

Lo primero que debes saber es que negociar con pensamiento de consumidor es muy diferente a negociar con pensamiento de inversionista. En la mente de un consumidor negociar se reduce a pedir un descuento, a creerse más inteligente que la otra persona y a hablar más pero, realmente, eso no son más que emociones, impulsos y ego, sin ningún tipo de estrategia.

Un buen jugador de póquer no muestra sus cartas y procura que su expresión no refleje lo que está pasando y no traicione su mano. De la misma manera, en una negociación es mejor hacerse el tonto, fingir que no tienes ningún poder de decisión y dejar que la otra persona sienta que tiene el control de la situación. Así conseguirás que se relaje y te procure más información porque, al final, una negociación no es una lucha de egos, sino que tu meta debe ser lograr tu objetivo.

Ten claro tu objetivo

Es muy importante que antes de sentarte a negociar tengas claro cuál es el máximo que estás dispuesto a pagar o el mínimo que estás dispuesto a recibir, pero no debes decirle esta cifra a la otra persona.

Si no tienes claro cuál es tu cifra objetiva, haz todas las preguntas que puedas para tener más elementos e información que ayuden a tu decisión. Algunos ejemplos de estas preguntas serían: «¿Por qué estás vendiendo?», «¿Cuánto lleva la propiedad en el mercado?», «¿Has tenido ofertas? ¿De cuánto ¿Por qué no las has aceptado?».

Puede que el vendedor te responda o no y puede incluso que te mienta, pero si preguntas lo suficiente podrás discernir lo que es verdad de lo que no y habrás obtenido una información que resultará útil para la negociación.

En lo que respecta a bienes raíces, si sabes lo que estás buscando y cuánto es el máximo que quieres pagar, ya cuentas con una gran ventaja.

Conoce el contexto

Averigua a qué precio se venden otras propiedades con características similares en la misma zona para saber si el precio que te ofrece el dueño es el valor real de la propiedad. Es importante que hagas una distinción, lo que debes saber es a cuánto se han vendido esas propiedades similares, no cuánto se pide por ellas, pues lo que la gente pida no tiene que ver con el mercado.

Muchos vendedores utilizan la misma estrategia: poner la propiedad o el bien a un precio más alto de su valor real para después ir bajando durante la negociación y así crearle la sensación al comprador de que está recibiendo un descuento, cuando realmente acabará comprando al precio de mercado (los vendedores de automóviles usan mucho esta estrategia).

No digas que tú tomas la decisión, di que tienes que consultarlo

Es muy distinto negociar con un agente que cuenta con muchas propiedades en su cartera que negociar con un propietario desesperado por vender o con una persona a la que le encargaron la venta de la propiedad pero que no tiene ningún conocimiento sobre bienes raíces. Es importante saber si la persona con la que estoy negociando es la que va a tomar las decisiones o si está limitado y necesita consultar todos sus pasos con otros.

Por otro lado, a nosotros siempre nos va a convenir que la otra persona piense que no tomamos las decisiones porque si damos un paso en falso siempre podemos arrepentirnos y decir que todavía no hemos consultado con la persona que tomará la decisión final. Además, así tenemos la posibilidad de jugar a poli bueno/poli malo, diciéndole al vendedor que nos gustaría mucho hacer el negocio pero que la decisión no está en nuestras manos y que intentaremos convencer a la persona que lleva las riendas.

Es muy importante también que aprendas a crear empatía. En la cultura china y la japonesa los negocios se caracterizan mucho por la conversación: pueden pasar horas hablando sobre sus familias u otros temas y no hablarán del tema por el que se habían reunido hasta el final. Cada persona tiene una motivación diferente: dinero, reconocimiento, sentido de logro... y cada una de esas características responde a una razón diferente. Preguntar y escuchar al otro te dará una ventaja sobre ellos.

Al principio lo ideal es mantener una conversación sencilla preguntando por cosas comunes como el trabajo, el equipo de fútbol o la familia para así generar un poco de contexto, ir conociendo a la otra persona y crear esa empatía. Toda la información que recabemos durante esa conversación nos ayudará más adelante cuando tengamos que tomar una decisión.

Baja las expectativas de tu contraparte

Karrass dice algo muy interesante: hay que bajar las expectativas desde el principio de la negociación. Si desde que comienza la conversación muestro un entusiasmo desmedido por cerrar el trato lo que voy a conseguir es colocarme en una posición de vulnerabilidad. Lo ideal es mostrar cierto interés pero mantente tranquilo, analiza las opciones, deja entrever que has visitado otras propiedades parecidas, habla de lo complicado que está el mercado, muéstrate dubitativo... De esta forma las expectativas del otro irán cambiando y se dará cuenta de que la negociación no va a ser tan sencilla como esperaba y se verá en la necesidad de sacar todas sus armas para convencerte.

Muestra que no tienes ningún apego al negocio

Debes mostrar cierto desinterés por el trato, hacer pensar a la otra persona que tienes otras oportunidades de compra y que si este negocio no sale, no será el fin del mundo para ti. Eso sí, debes hacerlo guardando siempre el respeto hacia la persona con la que estás negociando y su propiedad, si no lo haces así, puedes llegar a perder credibilidad y empatía.

Las negociaciones siempre están atadas a nuestra credibilidad, por eso es muy importante no incumplir los acuerdos. Nuestra credibilidad nos acompañará en cada negocio que participemos y nos va a posicionar de manera diferente ante la persona que tenemos enfrente, según cómo hayamos actuado en negociaciones anteriores.

Si en algún momento hemos tomado ventajas de manera deshonesta, esto puede afectar a nuestros negocios en un futuro; la deshonestidad siempre es un mal negocio a largo plazo y la credibilidad será la que nos abra las puertas.

Negocia como si fueras a vivir toda la vida con esa persona

Las personas que se comportan como piratas y que quieren arrasar con todo duran muy poco en los negocios porque la voz se corre muy rápido y se les cerrarán muchas puertas. Por ello es importante que en la negociación te conozcan como una persona correcta, respetuosa y con una visión de largo plazo en tus relaciones.

Debes mirar siempre las relaciones a largo plazo y ver más allá, ver el valor del cliente y no del negocio en sí. Piénsalo, si cierras un trato por 10 dólares quizás te parezca que es poco dinero, pero si ese mismo cliente te compra 20 veces al año, al final, es un trato de 200 dólares.

En mi caso, observar las cosas de esta manera me permite tomar mejores decisiones a la hora de establecer relaciones laborales.

Se pueden negociar más cosas aparte del precio

Puedes intentar negociar con los plazos, los intereses, los tiempos de entrega, arreglos que se pueden hacer o no a la propiedad según te convenga u ofreciendo servicios como parte del pago.

El primero que menciona los números pierde

Karrass dice que el primero en mencionar los números es el que pierde. En una negociación puedes preguntar a la otra persona cuál es el mínimo o el máximo que está dispuesto a pagar y ante la respuesta, sea ésta cual sea, tu estrategia debe ser siempre la misma: guardar silencio y cuando pasen unos momentos preguntarle, «ahora dime la verdad, ¿cuál es realmente el mínimo?». De esta manera empiezas a cambiar los números antes de comenzar la negociación, teniendo una perspectiva de los valores que puedes manejar. A partir de ahí puedes ir bajando y subiendo las cantidades y trabajar con el tiempo de la negociación, cuestión que resultará fundamental, ya sea que estés comprando o vendiendo.

Utiliza el tiempo como presión

Puedes provocarle a la otra persona un sentido de urgencia utilizando argumentos como: «Ya vi otra propiedad que está muy bien y que le gusta mucho a mi esposa, les dije que le daría la respuesta definitiva en 48 horas», «A mí me gusta mucho su propiedad, pero si queremos hacer negocio debemos decidir antes porque mi banco...», «Estamos dudando entre comprar una nueva construcción o una ya habitada, y un amigo constructor me está guardando sitio, hasta el sábado, en un proyecto que nos gusta mucho»...

Si tú eres el vendedor también puedes utilizar esta estrategia, por ejemplo, puedes decir que hay una persona a la que le gustó mucho la propiedad y que quiere firmar lo antes posible.

Cambia el negociador

Otra opción es recurrir a un cambio de negociador. Puede empezar la negociación una persona y a mitad del trato enviar a una persona diferente para que continúe en su lugar. Con esto obtendrás nuevos matices y ampliarás la información obtenida.

Escuchar, escuchar y escuchar

Uno de los aspectos más importantes, te diría que fundamental, es aprender a escuchar tanto lo que se dice como lo que no se dice, aquello que está implícito. Es mucho más importante escuchar que hablar y de la misma manera, es mejor ser el que pregunta que dar respuestas o explicaciones, sobre todo si nadie las pidió.

No contestes lo que no te han preguntado

Relacionado con el punto anterior está la siguiente cuestión: no hablar por hablar. Alguien muy sabio dijo alguna vez: «Nunca me voy a arrepentir de las palabras que no he dicho» y debemos tomar esa frase como nuestro punto de partida en una negociación.

Un buen negociador debe ir adquiriendo ciertas capacidades a lo largo del tiempo: manejar sus emociones, generar empatía y en este caso, ser un gran observador. Es fundamental que observemos a la otra persona para averiguar cuáles son sus necesidades y sus objetivos, y no pensar solo en los nuestros.

Tener claro qué es lo que queremos, informarnos bien antes de entrar en una negociación, saber con quién estamos tratando y utilizar todas las herramientas que hacen a un buen negociador, nos posicionará en un lugar mejor para tomar decisiones más acertadas y realizar mejores negocios, dejando la puerta abierta para establecer relaciones a largo plazo.

La mejor forma de obtener esas herramientas es seguir educándonos para comunicarnos mejor con los demás y observarnos a nosotros mismos, a nuestros pensamientos, pues así entenderemos mejor también los pensamientos y objetivos de la otra persona.

Recibe más recursos e ideas de Carlos Devis...

INSCRÍBETE EN

 **www.mipazfinanciera.com**

CAPÍTULO 23

¿VENDER O NO VENDER LO QUE YA TIENES?

«Busca que todos tus inmuebles puedan ser autosuficientes y que tu casa de habitación, si no pudieras vivir en ella, pague con la renta la hipoteca, los impuestos, el seguro y el mantenimiento».

El objetivo de un inversionista es que el mayor número posible de activos sean una fuente de flujo de dinero, no un gasto. Pero, ¿cómo puedes estructurar tu portafolio de activos para que mensualmente te sume y no te reste?

La pregunta que nos debemos formular es qué vender y qué no vender, y todo depende de la estrategia financiera de cada inversionista.

Quiero ponerte el ejemplo de uno de mis estudiantes, Pablo, que es profesor e investigador universitario. Pablo ganaba un buen sueldo cada mes pero vivía al día. Tenía su casa y, además, una casa de campo que había construido con dificultad a lo largo de los años.

Cuando decidió tomar la mentoría, uno de sus primeros pasos fue arrendar por Airbnb su casa de campo mientras no la estaba usando con su familia. De esta manera, lo que había sido una carga durante tanto tiempo no sólo comenzó a pagar sus propios gastos, sino que le proporcionaba algo de dinero extra que Pablo pudo ahorrar.

Cuando se dio cuenta de lo fácil que era arrendar a través de la plataforma y lo beneficioso que resultaba para sus finanzas personales, les propuso a los vecinos de la casa de al lado —que casi nunca iban por allí— alquilarles su propiedad por una modesta suma, pero con opción a compra.

Y no fue difícil convencerlos, como ya lo conocían, sabían que podían confiar en él y, además, a todo el mundo le viene bien contar con una nueva fuente de ingresos.

Así que, contratando a las mismas personas que ya llevaban el alquiler de su propia casa, comenzó a ganar dinero de forma inmediata gracias a la propiedad de sus vecinos.

Pablo entendió entonces que podía convertir un inmueble improductivo en uno productivo. Decidió sacar una hipoteca sobre una de sus casas, calculando que podría pagar la cuota con lo que estaba ahorrando de la casa de campo y los ingresos adicionales por arrendamiento.

Con ese dinero buscó una casa antigua que los dueños tenían descuidada, la compró con descuento, pagó la cuota inicial con el dinero que había sacado de la hipoteca y financió el saldo con un banco. Después, llevó a cabo una remodelación para crear habitaciones que se pudiesen arrendar, así la casa se pagaría sola y a él le quedaría un pequeño flujo de ingresos aparte.

En sólo dos años Pablo era dueño de cuatro propiedades distintas; había tardado quince años en adquirir las dos primeras, pero las dos siguientes las compró en menos de dos años. Puedes escuchar su historia completa en el episodio #168 «De profesor a inversionista» de mi podcast.

Lo que quiero que entiendas con este ejemplo, es que **cuando cambiamos el paradigma de tener propiedades a tener**

propiedades que rentan, las decisiones que tomamos son muy diferentes.

Si nuestro objetivo es crear un flujo pasivo de dinero basado en bienes raíces, debemos comenzar por analizar los bienes que se pueden arrendar pero no lo están siendo por pasividad del dueño.

Más adelante, en la cuarta parte de este libro, trataremos el tema de cómo arrendar y cómo preparar tu inmueble para hacerlo.

La casa o apartamento en el que vives

Si de repente llega un día en el que ya no puedes trabajar o te despiden de tu puesto sin ningún aviso y decides alquilar tu hogar para ganar dinero, ¿pagaría la renta de tu casa la cuota de la hipoteca y los impuestos?

Si tu respuesta es no, debes ser consciente de que estás sentado sobre una bomba de tiempo que puede explotar en cualquier momento.

Investiga cuánto vale la renta en la casa vecina a la tuya, y si es menos de lo que estás pagando como cuota mensual de la hipoteca, es que estás pagando de más por tu vivienda, estás desperdiciando dinero.

Pero, si de todas maneras estás seguro de que esa es la propiedad en la que quieres vivir, te recomiendo que reduzcas la cuota mensual de la hipoteca.

Así, si un día ya no puedes vivir en ella o debes dejar de trabajar, tu familia podrá arrendar la propiedad y no correrán el riesgo de perderla.

Si tienes una propiedad en otra ciudad o país

Debes plantearte si te merece realmente la pena esta propiedad: calcula cuánto dinero gastas sólo en el viaje y medita la dificultad que conlleva administrarla a distancia. Piensa todo lo que podrías hacer con ese dinero si compraras una propiedad a menos de una hora de donde vives actualmente, aplicando todos los conceptos que estás aprendiendo en este libro.

Si tienes una propiedad abandonada

Pídele a un contratista que te haga un presupuesto aproximado de las reparaciones necesarias para que la propiedad sea funcional, y dedícate a la tarea de investigar por cuánto se podría arrendar una vez estuviese arreglada. No les creas a aquellos que dicen que tu inmueble no vale nada, invierte tiempo en mirar el mercado cercano a la propiedad: visita, pregunta, compara...

De esta manera, podrás tomar una decisión informada, no sobre la mala impresión que causa tu propiedad, sino sobre la información objetiva de su potencial.

Cuando Myriam, una señora de 44 años, realizó mi curso, me contó que tenía una casa muy antigua que sus padres le habían dejado como parte de la herencia pero que estaba en muy mal estado; tanto, que estaba tratando de venderla y no había recibido ninguna oferta por ella.

En realidad, como descubrí más adelante, Myriam hacía dos años que no visitaba la propiedad, y todo lo que ésta le aportaba eran gastos: las facturas de los cuidadores, los impuestos y arreglar los diferentes desperfectos. En ese momento le pregunté dónde quedaba y ella me contestó que estaba en el centro de la ciudad.

Le dije que averiguara qué le permitía hacer el ayuntamiento con esa propiedad y resultó que podía montar en ella un local y oficinas. Así, invirtiendo muy poco dinero para algunos arreglos, la arrendó para que los inquilinos montasen un supermercado con un pequeño apartamento en la parte de atrás en la que estos vivirían.

Como verás, lo que Myriam pensaba que era un problema, se convirtió en una fuente importante y fija de ingresos para ella y para su familia. Al poco tiempo me llamó por teléfono para agradecerme, porque ella había estado a punto de regalarla y finalmente descubrió que tenía un tesoro.

Los bienes raíces no son ladrillos, son un concepto; y si tu objetivo es buscar un flujo de dinero, hay muchas maneras de lograrlo o aumentarlo.

Si es un tiempo compartido

Ya te he dicho anteriormente mi opinión sobre este tipo de propiedades. Mi consejo es que hagas los números y seguramente descubrirás que te saldrá más económico pagar un hotel distinto cada año y además, no te sentirás en la obligación de tener que ir.

En la actualidad es muy complicado lograr vender una acción de tiempo compartido, aunque hay páginas para revender estos derechos. Si tienes la suerte de encontrar un cliente, lo más seguro es que tengas que hacerle un descuento significativo sobre el precio que pagaste, pero al menos así pararán tus gastos mensuales.

En el mejor de los casos encontrarás alguna agencia de reventa que te dé algo por el derecho, si buscas en internet «vendo a tiempo compartido» te aparecerán una serie de empresas que, al menos, pueden ofrecerte algo por la propiedad. Y algo es mejor que nada. Es mejor eliminar de nuestra vida esa cuota mensual que seguir pagando por algo que no vale la pena.

Si es una propiedad que tiene flujo negativo

En este caso te aconsejo que analices las alternativas disponibles para mejorar el flujo de la propiedad: quizás puedas arrendar por habitaciones o a través de la plataforma Airbnb, o a lo mejor el ayuntamiento permite el arriendo de la propiedad para oficina.

Si ninguna de estas opciones es viable, lo mejor es que analices durante cuánto tiempo tendrás ese flujo y cuánto te quedaría libre si vendes la propiedad, así como las alternativas disponibles para inversión una vez que la vendas.

Lotes que un día se van a valorizar

En este caso, me viene a la cabeza el recuerdo de Francisco. Él tiene una pequeña empresa de distribución de equipos de oficina. Hablé con él cuando tomó mi mentoría y me confesó que estaba angustiado porque tenía una gran cantidad de deudas: si ganaba 30.000 dólares, 7.000 eran para el banco y los 23.000 restantes para pagar a parientes a los que les debía dinero.

Era arquitecto y había comenzado a construir, en un lote que tenía, un salón de eventos, varios locales y dos apartamentos, pero se quedó sin liquidez y no tuvo otra opción que parar la construcción.

Entonces yo le pregunté:

—¿Son fáciles de arrendar los locales en esa zona?

—No creo —me respondió.

—¿Tienes alguna idea de cómo llevar un salón de eventos? La orquesta, los asientos, las bebidas, los borrachos, la comida... ¿tienes algún tipo de experiencia en este tema?

—No... —me respondió, dudando.

Entonces les pregunté a él y a su esposa:

—Si nos enfocamos en el flujo ¿qué es fácil de arrendar en su pueblo?

—Habitaciones para estudiantes —me respondieron los dos casi a coro.

—Entonces, si convirtieras esa propiedad en pequeños apartamentos que pudieses alquilar a estudiantes, ¿cuántos podrías llegar a sacar?

Tras hacer unos cálculos rápidos, él me contestó que alrededor de 18 apartamentos.

—¿Y cuánto dinero necesitarías para terminar la primera tanda de estos apartamentos? —volví a preguntar.

—Unos 10.000 ó 12.000 dólares, y recibiría unos 700 dólares mensuales.

—¿Y cómo podrías conseguir estos 12.000 dólares sin endeudarte aún más?

—Tengo unos lotes desde hace años, quizás, si los vendiera podrían darme hasta 15.000 dólares por ellos.

—Entonces, si vendes esos lotes e inviertes el dinero en la construcción, recibirás 700 dólares al mes que son 8.400 dólares al año. Si lo dividimos por 15.000... ¡Tendrías una rentabilidad anual del 56%!

—Me he acordado también, que tengo una maquinaria para un negocio de purificación de agua que iba a montar y el cual finalmente nunca llevé a cabo. En su momento pagué 10.000 dólares por ella, pero quizás ahora podría venderla por 4.000. Si a esto le sumo unas lavadoras que tengo también de otro negocio, que nunca llegué a empezar y que podría vender por 6.000 dólares, tendría otros 10.000 dólares.

—Haz los cálculos... Si inviertes ese dinero en la construcción de los apartamentos para estudiantes, ¿cuánto podría darte de renta adicional?

—Otros 600 dólares mensuales, que acabarían siendo 7.200 dólares al año —me respondió entusiasmado.

—¿Cuánto estás pagando mensualmente para abonar esta deuda que tienes de 30 mil dólares? —le pregunté.

—De 2.500 a 3.000 dólares mensuales.

—Es decir, que en 10 meses ya habrás terminado de pagar la deuda al completo y podrás invertir en tu construcción los 1.300 dólares mensuales que recibirás de los arriendos más esos 2.500 o 3.000 dólares que tendrás disponibles. Lo que haría un total de 4.000 a 4.500 dólares mensuales. Incluso, después de terminar las primeras habitaciones, podrás pedir un préstamo al banco que podrás pagar en menos de tres años.

El último consejo que le di es que dejara de pensar en montar mil negocios distintos y se enfocara en hacer crecer el negocio que ya le estaba funcionando. De esta forma, ganaría más dinero y tendría un mayor flujo que podría dedicar a invertir en bienes raíces.

Si te enfocas en buscar que cada activo que tienes sea una fuente de flujo, no sólo serán un ingreso, sino que además dejarán de ser un gasto. Como ves, todo el paradigma cambia: las decisiones son totalmente diferentes.

Tu próximo paso...

¿Qué tipo de inmueble tienes?

Sanguijuela:

- El capital que se invirtió es muy difícil de recuperar.
- No se tiene el control sobre el inmueble.
- Es muy difícil o costoso utilizar.
- Cuotas de mantenimiento o pagos de gastos.
- Muy difícil de vender o arrendar.

Hipopótamo inválido:

- Difícil de arrendar.
- Difícil de vender.
- Costosa de mantener.
- La renta no paga hipoteca.
- Necesita más del 30 % de ingresos de un adulto del hogar para pagar la hipoteca.

Perro enfermo adoptado:

- Flujo negativo durante meses o años.
- Requiere recursos adicionales para vender o arrendar.
- Muy difícil de vender.

- No se tiene el control.
- Monto de las cuotas y fechas de pago fijas, tiempo de entrega incierto o flexible
- Si el pago es más del 10% de los ingresos mensuales de uno de los adultos de la familia se convierte en un hipopótamo inválido.
- No está clara la rentabilidad.

Ternera:

- Flujo negativo por meses o años.
- Se tiene el control total.
- Se puede vender.
- En un momento será muy fácil de arrendar.
- Se convertirá en flujo positivo.
- La rentabilidad será muy alta.

Águila:

- Se mantiene solo o tiene gastos mínimos.
- Fácil de manejar.
- Está creciendo sin riesgo ni esfuerzo.

Vaca lechera:

- Fácil de arrendar.
- Fácil de vender.
- Fácil de manejar.
- Bajos costos de mantenimiento con respecto a los ingresos.
- Más del 10% de rentabilidad.

Recuerda que una propiedad es un concepto, y las preguntas útiles que debes hacerte son:

¿Puedo convertir mi propiedad en una vaca lechera?

¿Cuánto me costaría?

¿Me dan los números?

Recibe más recursos e ideas de Carlos Devis...

INSCRÍBETE EN

 **www.mipazfinanciera.com**

CAPÍTULO 24

50 IDEAS PARA GANAR CON INMUEBLES QUE YA TIENES O CON POCO DINERO

«Y hay muchas más…».

Cada una de estas ideas las he aprendido de alguien que se dedica a ello: conozco a estudiantes que comenzaron su negocio arrendando una habitación que les sobraba y tres años después tienen seis propiedades para arriendo. Eso sí, **es importante analizar las posibilidades legales y los números de cada una de estas ideas antes de ponerlas en práctica.**

Hay personas que tienen abandonados inmuebles que podrían generarles una renta mensual de 100 dólares adicionales a su ingreso principal. Esto se traduce en 1.200 dólares más al año, algo que nunca viene mal ni a una familia ni a un inversionista.

1. Arrendar habitaciones para oficinistas.
2. Arrendar habitaciones para estudiantes.
3. Arrendar habitaciones para viajeros de estancia corta, tres o cuatro meses.
4. Arrendar a través de Airbnb.
5. Arrendar a través de *Booking*.

6. Arrendar tu sofá por noches.

7. Construir un piso adicional en la casa y de él sacar un apartamento para arrendar.

8. Construir un piso adicional en la casa y sacar más habitaciones para dedicar al arrendamiento.

9. Dividir la casa en muchas habitaciones.

10. Comprar una casa muy antigua y sacar de ella varios apartamentos.

11. Comprar una casa antigua y sacar de ella muchas habitaciones.

12. Arrendar como trastero, para que las personas puedan guardar muebles u otras cosas.

13. Sacar de la casa uno o dos locales.

14. Comprar un inmueble con lote grande, dividirlo y vender una parte para poder pagar la otra.

15. Comprar fincas y convertirlas en lotes.

16. Arrendar el lote durante 20 años o más a grandes almacenes que vayan a construir en él.

17. Arrendar para parqueaderos.

18. Arrendar por camas.

19. Construir locales pequeños.

20. Convertir una bodega en muchos locales pequeños.

21. Arrendar para oficinas del gobierno.

22. Arrendar consultorios para odontólogos o médicos.

23. Crear espacios de trabajo para arrendar por horas.

24. Arrendar las zonas de tu local que no estés usando.

25. Arrendar las zonas de tu oficina que no estés usando.

26. Comprar tráileres y arrendarlos.

27. Vender paseos ecológicos para colegios y empresas en tu finca.

28. Convertir tu finca o tu casa en un *bed and breakfast*.

29. Convertir tu casa o finca en un hotel boutique.

30. Arrendar a través de Airbnb casas y apartamentos cuyos dueños no los utilizan.

31. Vender bienes raíces y ganar una comisión.

32. Comprar, remodelar y vender.

33. Comprar, remodelar y arrendar.

34. Comprar derechos gerenciales sobre bienes raíces.

35. Comprar, con un gran descuento, a personas que tienen mucho afán de vender.

36. Cambiar ese automóvil costoso que cada vez vale menos por la cuota inicial de un inmueble.

37. Comprar y arrendar pequeñas bodegas industriales.

38. Construir pequeñas bodegas industriales para arrendar o vender.

39. Arrendar casas amuebladas a empresas que las necesitan para los trabajadores que trasladan desde otras ciudades.

40. Arrendar salones para eventos sociales.

41. Arrendar para cursos, talleres o reuniones de empresas.

42. Arrendar, por meses, oficinas para profesionales.

43. Arrendar, cerca de hospitales, a personas que vienen a la ciudad para una intervención médica o para sus allegados.

44. Ofrecer servicios de aseo en lugares turísticos.

45. Arrendar el parqueadero que no estás usando.

46. Arrendar lotes para cultivos o pasto para animales.

47. Alquilar pequeños espacios de tu local para poner máquinas expendedoras de alimentos o refrescos.

48. Arrendar para cajeros automáticos.

49. Arrendar el techo para vallas comerciales.

50. Arrendar la terraza descubierta para poner un bar de barrio.

Recibe más recursos e ideas de Carlos Devis...

INSCRÍBETE EN

www.mipazfinanciera.com

 # CUARTA PARTE

ENCUENTRA LOS RECURSOS PARA
COMPRAR Y FINANCIAR

 # CAPÍTULO 25

CÓMO ENCONTRAR LOS RECURSOS PARA INVERTIR

«Usa todos los recursos que no sabes que tienes HOY a tu alcance, preguntando y preguntando los encontrarás».

Uno de los argumentos que más escucho es: «Me gustaría invertir en bienes raíces, pero no tengo dinero».

Lo primero que te digo es que si de verdad quieres invertir, debes enfocarte en lo que tienes, no en lo que no tienes. Debes decirte a ti mismo: «Voy a comprar un inmueble al año. ¿Cómo lo hago?». Recuerda que si tienes claro el QUÉ, es decir, si tienes tu objetivo claramente definido, tu mente se ocupará de encontrar el CÓMO.

Cada vez que has querido algo de verdad y que has puesto toda tu determinación en ello, cada vez que has intentando REALMENTE conseguir algo, aunque en un principio pareciera inútil, inoportuno o desproporcionado para tu vida, estoy seguro de que lo has logrado.

Te invito a que lo pienses con cuidado porque tu «loca de la casa» te dirá: «No, Carlos, eso no es así, uno no siempre consigue todo lo que quiere». Pero, yo no me refiero a aquello que intentaste un par de veces y abandonaste cuando viste que no funcionaba; me refiero a aquello que lograste porque lo intentaste una y otra vez... aunque te rechazaran, aunque fracasaras vergonzosamente, aunque te llegaras a sentir como la persona más tonta del planeta. Pese a los obstáculos, te levantaste de nuevo, con más fuerza y DETERMINACIÓN que antes, y lo intentaste hasta lograrlo.

Si tu mente te dice que no recuerda que hayas logrado nada así en tu vida es porque, tal vez, estás pensando en todo lo que NO has logrado y porque no haces con frecuencia el ejercicio de recordar lo que SÍ has logrado con gran esfuerzo y compromiso.

Por ejemplo: sacar tus estudios adelante o un proyecto en el que nadie creía, que te hayan llamado de un trabajo en el que pensabas que no te iban a contratar, superar una crisis ya sea financiera, emocional o de salud, sacar a tu familia adelante, sacar adelante un proyecto que parecía imposible, aprender algo que pensabas que sería muy difícil para ti...

Y podría seguir con muchos más ejemplos de este tipo, la idea es que además de recordar estas cosas que has logrado, conectes con tu fuerza, con esa parte tuya que cuando quiere, puede. Con esa voz que tienes dentro que es sabia, creativa y poderosa.

¿Qué importa lo que diga tu loca de la casa? Sólo son pensamientos limitantes que, por una razón u otra, has aprendido a alimentar hasta llegar a creer que tú ERES esos pensamientos y olvidar todo lo que has logrado y lo que has progresado.

No estarías leyendo este libro si no fueras una persona que cree en su fuerza, en su inteligencia y en su capacidad para aprender y superar, una y otra vez, esos pensamientos limitantes.

Quiero que seas sincero contigo y reconozcas que si una parte de ti no creyese que TÚ puedes comprar un inmueble al año, no estarías leyendo esto.

Seguramente «tu loca de la casa» (tu pensamiento caótico) y «tu mente sabia» (la voz interior que te da paz) entren en conflicto. Mientras la primera dudará: «Bueno, me parece interesante, vamos a ver si me convencen…», la segunda te dirá que has logrado metas difíciles, has mejorado tu vida y has aprendido cosas nuevas, porque **cuando te has propuesto una meta con determinación**

lo has logrado, una y otra vez. Sabes que si te lo propones, lo consigues.

Con esa mente sabia y con tu DETERMINACIÓN de encontrar los recursos para comprar un inmueble al año, te pido que leas estas ideas e intentes pensar algunas más:

Organiza tu presupuesto

Dice la psicología Gestalt que para lograr lo que quieres debes comenzar por valorar y agradecer lo que ya tienes: la fortuna más grande comenzó con un simple dólar. Por el contrario, el pensamiento de consumidor dice: «Tengo tan poco que para qué voy a cuidarlo, si no puedo lograr nada especial con ello».

«Tu loca de la casa» podrá gritar y decir: «¿De dónde voy a sacar dinero para ahorrar más?». Créeme, yo también he estado en la misma situación, con ese pensamiento de desesperación, creyendo que no tengo de dónde sacar más dinero y no me quedan más horas en el día para trabajar. Pero, de lo que me di cuenta es que siempre había pequeñas acciones que podía implementar y que me ayudaban a ahorrar un poco aquí y allá.

Por ejemplo, durante muchos años ayudaba a una persona de mi familia, aunque a veces yo mismo sufría para pagar los gastos de mi propia casa. Una vez trabajé junto a esta persona para organizar sus finanzas personales, ella se pudo sostener perfectamente sin mi ayuda. De esta manera, no sólo pude liberar unos recursos que me permitieron ahorrar más, sino que además me liberé de una carga que yo mismo me había creado.

Aunque pienses que ganas poco dinero, si organizas tus finanzas personales y logras ahorrar un 10 ó 20% o más de lo que gastas y sólo lo destinas a invertir en bienes raíces, verás cómo irá creciendo poco a poco la semilla de tu libertad financiera. Si crees que un 10% no hará la diferencia, te propongo que escuches la historia de Sandra y su esposo en el episodio #88 «Cómo ahorrar el 10% le cambió su vida»

Ordeña tu negocio

Recuerdo cuando tenía una empresa con 300 empleados y muchas quincenas sufría para poder pagar los salarios, rogándole al banco que me prestara dinero o a los clientes que pagaran lo que debían, para aun al final llegar a casa sin un centavo para mi familia. Era lo que se conoce como un rico pobre, manejaba mucho dinero pero yo nunca tenía.

Cuando están creciendo, las empresas se comen todo el dinero que inviertes en ellas y cuando están en problemas, más aún. Cuando mi empresa quebró me quedé sin nada, por mis manos había pasado mucho dinero y muchas oportunidades pero yo pensaba que sería mejor si las llevaba a mi empresa. Me equivoqué: cuando quebré lo que quedó se destinó a pagar empleados, impuestos y proveedores, y yo sólo me quedé con los problemas. Al final, la responsabilidad de todo esto fue mía: no había cuidado lo suficiente de mí mismo ni de mi familia.

Puede que una empresa o negocio te dé para comer y vivir bien, pero realmente no tienes nada. Lo que tienes no es una empresa, sino un trabajo, con lo peor de los dos mundos: para los problemas eres el dueño, pero los frutos del trabajo se los lleva todo el mundo antes que tú (mejora de sueldos y de equipos, guardar liquidez...).

Ten la disciplina de sacarle dinero a tu empresa para invertirlo en bienes raíces. Si puedes compra a tu nombre la bodega, la casa o la oficina y arriéndasela a tu empresa.

Es importante también que separes tus activos de los de tu empresa: el éxito es que tu empresa trabaje para ti, no tú para ella. Mantén el balance, cuida a tu empresa pero cuídate también a ti mismo y a tu familia.

Para ilustrar el concepto te contaré la historia de Luis Gabriel. Él es contador y un exitoso empresario e inversionista. Durante años ha trabajado con su esposa y tienen mucha disciplina en manejar cada negocio de manera independiente.

Esta pareja ha aprendido a ordeñar sus negocios tomando un porcentaje de las ganancias que le da cada uno para destinarlo a un fondo de inversión para bienes raíces.

Su inversión preferida son propiedades en zonas populares, preferentemente esquinas, donde pueda disponer de locales en planta baja y apartamentos en planta alta. Las rentas, una vez cubiertos los gastos, pasan a formar parte del fondo de inversión.

Gracias a esta forma tan prolija de manejarse ya no recuerdan la última vez que tuvieron que solicitar un crédito bancario, ya que entre lo que recibe de las rentas y de sus negocios, compra las propiedades de contado. Escucha cómo ha logrado conseguir este funcionamiento y las estrategias implementadas en el episodio #169 «Cómo crear oportunidades de negocios extraordinarios»

Vende cosas que no estás usando

¿Cuántas cosas tienes en tu armario o en tu garaje que no estás usando y que probablemente nunca usarás? Ese automóvil, bote, moto... todo se puede vender y convertir en liquidez para tu próxima propiedad. Te sorprenderás del dinero que tienes dormido sin darte cuenta y, aunque no parezca mucho, tu psicología cambiará cuando empieces a ver que la semilla para lograr tu libertad financiera continúa creciendo.

Aprende a vender mejor tu talento o producto

Belén tiene 28 años y estudió una carrera técnica para ayudar a las mujeres a prepararse mejor para el parto y que tengan menos dolor, aplicando técnicas sencillas para cuidar más de los cuerpos de las madres y la salud de los bebés. Belén trabaja para el Ministerio de Salud y disfruta de su trabajo coordinando programas para educar a miles de madres en barrios populares para tener un parto mejor.

Su sueldo es de 1.500 dólares al mes y cuando hizo su presupuesto notó que podía ahorrar 700 dólares mensuales, esto es, 8.400 dólares al año. Cuando cursó mi programa se dio cuenta de que, en su tiempo libre, también podía realizar talleres para madres que no atendía el ministerio, y podía cobrarles 150 dólares por un taller de 2 horas semanales durante 6 semanas. Ella hablaría con ginecólogos y centros de maternidad que conociera a través de su trabajo y les daría una comisión por cada madre que le enviaran a su taller. A su vez, uno de esos centros le prestaría un salón que podría utilizar una vez por semana.

Si conseguía que 15 señoras acudieran al mes a su taller, podría ahorrar cerca de 1.500 dólares más. ¡Serían 18.000 dólares anuales! Sumados a los 8.400 que ahorraría de su sueldo, daría un total de 24.400 dólares al año que podría utilizar para comprar inmuebles. En algunos países esa cantidad puede llegar a ser dos o tres cuotas iniciales.

No digo que sea fácil o que no requiera esfuerzo, pero ella sabe que lo puede hacer y lo está haciendo.

¿Qué podrías hacer tú con tu talento y tu tiempo libre para lograr más ingresos?

Vende bienes raíces

Una manera que yo les sugiero a mis alumnos para que aprendan de bienes raíces, ganen algo de dinero y encuentren oportunidades, es que se vuelvan agentes de bienes raíces, que se acerquen a varias oficinas y digan que quieren trabajar en ello. Al principio seguramente deberán compartir las comisiones, pero también será un entrenamiento gratuito; busca al mejor vendedor de la agencia y pégate a él, ofrécete para ayudarle en todo, conviértete en un recurso para él y aprende cómo hace las cosas: cómo busca clientes, cómo los maneja, cómo administra su tiempo... Si piensas que no tendría sentido invertir tu tiempo de esta manera, escucha la historia de Emil Montas en el episodio #14 «Cómo pasar de agente de bienes raíces a inversionista y empresario» de mi podcast.

También te recomiendo que de forma simultánea, te eduques financieramente como inversionista pues la mayoría de los agentes no tienen pensamiento de inversionista; esto lo podrás ver según tengan o no inmuebles que arriendan.

Hace unos días entrevisté para mi podcast a Carlos, que vive en Saint Petersburg, en Florida, y ha amasado más de 1.500.000.000 dólares (lee bien, mil quinientos millones) a base de hacer negocios con bienes raíces. Sus primeros 500.000 dólares los ganó a los 18 años. Su consejo para alguien que está empezando es el mismo: que se haga agente de bienes raíces, que aprenda la mentalidad de inversionista y compre casas o apartamentos para arrendar. Puedes escuchar todos sus consejos en el episodio #187 «Cómo gané 1500 millones de USD con bienes raíces siendo inmigrante».

Arrienda inmuebles que no te están produciendo

Mireya es una estudiante de mi programa que tiene, junto a sus tres hermanos, un lote grande que les dejó su padre. Tuvieron ciertos problemas legales con el lote, pues unas personas inescrupulosas trataron de quedarse con él. Como estaban en ese lío, ninguno de los hermanos se preocupó por pagar los impuestos hasta que les llegó una cuenta de casi trescientos mil dólares por impuestos atrasados.

Mireya decidió tomar el control de la situación. Legalmente no podían dividir el lote así que organizó a sus hermanos y le asignó a cada uno una porción equivalente del lote, lo cercaron y aprovechando la ubicación del lote cada uno montó un parqueadero en su parte. Después, dividieron la deuda entre los cuatro y cada uno asumió la responsabilidad de pagar 75.000 dólares y los recursos para este pago vendrían del dinero producido por los parqueaderos. Además, entre los cuatro contrataron a una magnífica oficina de abogados que les ayudó a simplificar el asunto.

Así, Mireya salvó un lote que ahora vale más de 2,5 millones de dólares y lo mejor, también salvó la relación con su familia. Todo porque pensó en monetizar bienes que todos los demás veían solo como un problema.

De esta misma manera, tú también puedes arrendar tu casa de campo o esa habitación que te sobra, nada es demasiado poco, todo suma.

Ofrece tus servicios profesionales

Ingrid es arquitecta y vive en Berlín. Pensaba que para ella comprar un apartamento en esa ciudad era imposible y con su esposo hacían lo posible para llegar a fin de mes. Sin embargo, cuando aprendieron este concepto conocieron a un inversionista, dueño de muchos apartamentos, y le ofrecieron su ayuda como arquitectos para pagar la cuota inicial de un apartamento para ellos.

El inversionista les dio un par de trabajos sencillos para conocerlos y después no solo les dio trabajo para pagar la cuota inicial de un apartamento, sino que también los ayudó en el banco, en el que manejaba muchos negocios, para que les diesen un crédito.

Como dice en el tango *Cambalache* «el que no llora, no mama», y así es... Puede que si pides te digan que no, pero si no pides seguro que no logras nada.

Si lo que haces es de calidad y aporta valor para otros, ahí tienes un recurso valioso para comenzar.

Cambia de trabajo

Cuando alguien me cuenta que no le gusta su trabajo o que no le pagan bien, yo le pregunto:

—¿Has buscado otro trabajo?

—Sí, estoy pensando en cambiar —me responde normalmente la persona.

—Pero, ¿has hecho algo? —le digo yo.

—No mucho, en realidad —me suele responder—. Tengo muchos problemas y no me puedo arriesgar ahora.

No te estoy diciendo que renuncies y botes todo, lo que te estoy diciendo es que busques con ganas, como si de verdad quisieras encontrar. Pues es muy distinto pensar en cambiar de trabajo que realmente hacer algo por cambiar de trabajo.

Auto promuévete dentro de tu propia empresa

No siempre es necesario salir de la empresa, a veces es posible buscar un cambio dentro de ella. Habla, prepárate para lo que quieres conseguir y mantén el foco, la actitud y las acciones para lograrlo.

Crea tu nuevo puesto dentro de tu empresa. De Robert Allen, mi mentor y autor del libro *Nothing down*, aprendí el concepto de intro-empresario. Pongámonos en situación: ves una oportunidad de negocio para tu empresa y te das cuenta que ellos no la han visto o no saben cómo aprovecharla. Entonces, haces un plan de negocios y lo presentas a tus jefes: les vendes tu idea y te ofreces a llevarla a cabo por un pequeño porcentaje o comisión que sea adicional a lo que ya ganes.

«¡Pero, me roban la idea!», objetará quizás la «loca de la casa». Mi experiencia, sin embargo, es que las ideas valen poco y lo que realmente vale es implementarlas. Si al final realmente te la roban pues buscas otro trabajo, al fin y al cabo ya sabrás que tienes el potencial de ver y hacer realidad cosas que otros no pueden.

Toma el riesgo y véndete, todas las empresas están buscando mejorar sus utilidades.

Felipe, un joven estudiante de mi programa, trabajaba en labores administrativas en su empresa, ganaba poco dinero y tenía muy pocas posibilidades de ascender. Se dio cuenta de que los vendedores ganaban cinco veces más que él.

Entonces, se decidió y en su tiempo libre se entrenó para adquirir las habilidades necesarias y poder pedir un cambio de sector.

Cuando se sintió preparado, pidió una cita con su jefe, quien pensó que quería pedirle un aumento y se sorprendió cuando Felipe le dijo que quería pasar a formar parte del equipo de ventas.

Consiguió un empleo más rentable sin tener que cambiar de empresa.

Si no lo intentas, nunca podrás saber si funcionará.

Sal de todos los «negocios» que no te están produciendo

Recuerdo una historia que se cuenta mucho de un borrachito que decía: «¡Pero, cómo voy a dejar el trago después de toda la plata que he gastado!».

De la misma manera, uno de los errores más grandes de los emprendedores es que se enamoran de sus negocios o empresas, como si fueran sus hijos, y siguen invirtiendo tiempo y recursos en ellos aunque no les esté funcionando.

Quizás, antes sí funcionaban, pero puede ser que el mercado o las circunstancias cambiasen y lo que solía ser un buen negocio, ya no lo sea.

Debes recordar que los negocios son un medio para que vivas mejor, no un objetivo. Por eso si no te funciona, déjalo, y concentra esa energía y recursos en algo que recompense tu tiempo y esfuerzo.

Quizás me digas: «Pero es que tengo gente a mi cargo que me ha ayudado mucho y se quedará sin trabajo». Ante esto te digo: si el negocio no está produciendo al final lo único que estás haciendo es alargar el momento del inevitable cierre.

Recompensa a tu gente, ayúdales a reubicarse, a prepararse, pero si tu proyecto ya cumplió su ciclo, debes dejarlo ir y dar un paso adelante.

Si todavía tienes dudas sobre qué hacer, pregúntale a tu pareja o a las personas de negocios exitosas que conozcas y ábrete a escuchar… realmente a escuchar.

Cambia tu automóvil por una cuota inicial

Para la mentalidad del consumidor es muy importante tener un buen automóvil, «El auto del año» como le dicen los vendedores.

No te imaginas cuántas familias arruinan su capacidad de crecer financieramente porque aceptan unas cuotas desproporcionadas para sus ingresos solo por poder comprarse «un buen auto».

Por eso, a muchos de mis estudiantes les he recomendado que den sus automóviles como cuota inicial de una casa o un apartamento y que se compren un automóvil que sea funcional y más modesto.

Esto no solo les quitará los gastos de un automóvil costoso, sino que además les salvará de su inminente y rápida devaluación, mientras que el valor de un inmueble sube con el tiempo y además, se paga solo.

Tu próximo paso…

Revisa una por una las opciones de este capítulo y estima cuánto podrías monetizar en un año con cada alternativa y luego súmalo.

Todo eso puede ir al ahorro para cuotas iniciales o a las deudas para aumentar tu capacidad de ahorro.

Si tienes deudas… ¡Usa una de estas estrategias para acelerar tu bola de nieve!

Ahora es tu turno:

Aplica estos consejos. Arma tu lista siguiendo estos pasos:

- Organiza tu presupuesto:

¿Cómo podrías ahorrar 10% en tus gastos a partir de este mes?

- Ordeña tu negocio:

¿Cuál sería la cuota que le podrías sacar a tu negocio mensualmente para tu fondo de inversión? ¿Cuánto sumaría al año?

- Vende cosas que no estas usando:

¿Qué podrías vender que no estés usando? Incluye todo lo que esté a tu disposición: ropa, vehículos, botes, etc…

- Arrienda inmuebles que no te están produciendo:

Si tienes inmuebles, reestructura su uso enfocándote en que cada uno sea una fuente de ingresos. Piensa qué podrías hacer y cuánto dinero te representaría.

- Ofrece tus servicios profesionales o tu talento:

¿Podrías vender consultorías en tu tiempo libre?

Haz una lista de los clientes potenciales y ofrécete a ayudarles a lograr resultados.

- Cambia de trabajo:

Puedes cambiar de trabajo dentro de tu misma empresa para ganar más o hacer una estrategia para buscar lo que quieres de manera proactiva. Escribe qué quieres exactamente, cómo te gustaría trabajar, con quién…

Define tu sueldo y las empresas que te gustarían. Busca cómo hacerte entrevistar. Algunas veces es buen negocio contratar una empresa de Heat Hunter que te ayude a definir tu perfil y encontrar lo que quieres. Haz una lista de tus exjefes, amigos o parientes que te pueden ayudar a abrir puertas.

«El que no llora… No mama…».

- Auto promuévete en tu empresa:

¿Cómo crees que tu empresa podría mejorar su utilidad? Si ves el espacio presenta el proyecto a tus jefes y busca una pequeña comisión sobre resultados. Lo peor que te pueden decir es que NO.

- Sal de todos los «negocios» que no te están produciendo:

¿Qué «negocio» podrías soltar que solo que quita tiempo y dinero?

¿Cuánto te ahorrarías al mes?

- Cambia tu automóvil por una cuota inicial:

Un automóvil te produce gastos, se desvaloriza y fácilmente es la cuota inicial de un inmueble. Podrías venderlo y transportarte en Uber, taxi, transporte público o cualquier otra solución.

- Proyecta tu fondo de inversiones:

Haz una lista detallada con todos los ingresos adicionales que fuiste logrando en los pasos anteriores… Ahora multiplícalos por 12 meses y verás cuánto dinero puedes tener disponible para invertir en un inmueble.

¿No te parece increíble tener todos esos recursos a tu disposición y no haberte dado cuenta?

Ahora que has tomado conciencia… ¿Qué estás esperando?

Usa todos los recursos que tienes HOY. Pon tu GPS a buscar cómo ganar más dinero.

Recibe más recursos e ideas de Carlos Devis...

INSCRÍBETE EN

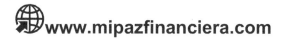www.mipazfinanciera.com

CAPÍTULO 26

ESTOY HACIÉNDOLO LO MEJOR QUE PUEDO PARA CRECER FINANCIERAMENTE ¿ES VERDAD?

«Hacer lo mejor… es mediocre. Lo que funciona es hacerlo cada vez un poquito mejor».

Esta mañana le dije a mi profesora de yoga, cuando me pidió que realizara un movimiento concreto, que estaba haciéndolo lo mejor que podía. Ella me respondió, de una manera muy gentil, que llevaba días diciendo que lo hacía lo mejor que podía pero que no veía ningún progreso en mí.

Me aconsejó que si quería crecer, mi meta no debía ser hacerlo lo mejor que podía, sino hacerlo cada vez mejor.

Si tu meta es hacerlo lo mejor que puedes, tu mente se enfocará en pujar y no en progresar. Tu mente te dirá que ya no puede más, pero si te concentras en aprender la técnica y aplicarla cada vez un poco mejor que la vez anterior, te sorprenderás de tu progreso y tus resultados.

Un jefe que tuve hace tiempo solía decir que quienes no hacen lo que tienen que hacer son unos irresponsables y quienes hacen solo lo que tienen que hacer son unos mediocres.

Las personas que marcan la diferencia en cualquier empresa o comunidad serán quienes hagan un esfuerzo adicional, cada día y en cada tarea. Y estas personas no lo hacen por la opinión de los demás, lo hacen por competir consigo mismos, porque quieren mejorar cada día. A estas personas ¡nunca les faltarán oportunidades!

Sé que estas afirmaciones pueden parecer un poco fuertes, pero también sé que si estás leyendo esto, es porque quieres crecer y aprender a mejorar.

Si yo me digo a mí mismo que cada día lo estoy haciendo lo mejor que puedo, la «loca de la casa» va a gritarme que ya me he esforzado lo suficiente, que no me queda nada por hacer. Y sin ser consciente, el esfuerzo cada vez será menor. Es muy distinto enfocarme en una meta que en el esfuerzo.

Me viene a la cabeza una frase muy popular en el mundo del desarrollo personal y que me parece muy práctica: «Hoy estoy mejor que ayer y peor que mañana».

Si piensas que en el área financiera, o en cualquier otra faceta de tu vida, lo estás haciendo lo mejor que puedes y no mejoran tus resultados, te invito a que observes la forma en la que lo estás realizando, pues quizás no lo estés haciendo realmente lo mejor que puedes.

Cuando mis estudiantes se quejan diciéndome que no encuentran inmuebles con descuento o que no consiguen encajar los números, yo les respondo que no están buscando lo suficiente o no lo están haciendo de la forma correcta o en la zona apropiada.

Si me dicen que están haciendo lo mejor para crecer financieramente, que trabajan como esclavos, gastan lo mínimo y no consiguen progresar, que les falta el dinero y no pueden ahorrar, yo les respondo que quizás no tienen un plan financiero, no controlan bien sus gastos o consumen todo su tiempo en trabajar y no buscan alternativas.

En mi caso, algunas veces en mi vida he pensado genuinamente que estaba haciendo lo mejor, no se me ocurría qué más podía hacer, y aun así me sentía estancado y abrumado.

Hoy me doy cuenta que no estaba haciendo lo mejor, aunque me movía todo el día y dedicaba mucho tiempo a pensar en cómo salir del hoyo, estaba pegado a mi anterior forma de pensar y de hacer las cosas, esa misma que me había llevado a tener esos problemas.

Éstas son algunas de las técnicas que he usado en momentos así para salir de ese ciclo improductivo y agotador:

Dejar de correr y analizar mis números o los hechos

Si nos pagaran por correr o por preocuparnos, seríamos todos millonarios. Yo podría ser incluso multimillonario, por todo el tiempo y energía que perdí corriendo ansioso todo el día como el pájaro loco; es algo verdaderamente agotador.

Una vez que entendemos esto y dejamos de correr como gallina sin cabeza, tenemos que detenernos a analizar los hechos. Para poder hacerlo, me gustaría hablarte del principio de Pareto.

En la década de 1940 el doctor Joseph Juran, un ingeniero estadounidense ampliamente reconocido por sus aportes en el control de calidad, formuló la «Teoría de Pareto».

En resumen, esta teoría vendría a decir que el 20 por ciento de lo que hacemos produce el 80 por ciento de los resultados. Por ejemplo:

- El 20% de nuestros clientes general el 80% de las utilidades.

- El 20% de los empleados de una empresa generan el 80% de los problemas.

- Usamos el 20% de la ropa que tenemos.

- El 20% de los invitados se toman el 80% de los tragos de la fiesta.

Con esta fórmula simple, e increíblemente acertada, puedes analizar cómo mejorar tus resultados, qué debes hacer más y qué debes dejar de hacer.

Haz la lista de lo que haces todo el día, desde que te levantas, y cuenta el tiempo y el dinero que gastas en cada actividad. Inclúyelas todas y hazte las siguientes preguntas:

1. ¿Qué cosas de las que estoy haciendo podría dejar de hacer y me liberarían tiempo y recursos? Observa si lo que estás haciendo podrías dejar de hacerlo, lograrlo sin tanto esfuerzo, cambiar la forma en que lo haces o delegarlo en otra persona.

2. ¿Qué cosas de las que estoy haciendo son las que me están produciendo el 80% de los resultados? Enfócate en esas cosas y piensa si podrías hacerlas más veces o de una forma más eficiente.

Pídeles opinión a tus allegados

Con frecuencia, aquellos más cercanos a nosotros ven con mayor claridad que nosotros mismos la manera en que estamos desperdiciando nuestro tiempo y nuestros recursos.

El desafío es estar abierto a escuchar lo que nos digan sin ponernos a la defensiva o sentirnos atacados. Agradecer la información relevante que nos procuran y cuestionar nuestras verdades y opiniones.

Quizás me digas que son muy negativos, pero en muchas ocasiones no es eso, sino que nos han visto tomar malas decisiones o meternos en malos negocios y las consecuencias fueron difíciles para ellos, pues nos vieron sufrir mucho.

Hacer el ejercicio de escuchar, no solo lo que tú quieres oír, sino darle el espacio para que te digan qué ven ellos realmente, es muy sanador e iluminador. La mayoría de las veces nuestros cercanos solo quieren lo mejor para nosotros y nuestra familia.

Quizás no saben decir de la mejor manera su opinión o no se sienten escuchados por nosotros y por eso la posición se puede volver muy emocional y confusa. La pregunta que deberíamos hacernos es cómo podemos crear el espacio y la actitud que le permitan al otro decirnos lo que piensa realmente.

Y, sobre todo, empezar por aceptar mi responsabilidad, sin defenderme, recordando que las dos partes queremos lo mejor para el otro.

Para crecer financieramente es muy importante que mejores tu comunicación con tus allegados. Y como todo lo que vale la pena, requiere tiempo, paciencia y determinación. Pero, créeme, es una de las mejores inversiones que vas a hacer.

Recuerda, no puedes cambiar a nadie, pero puedes cambiar la manera en la que manejas tus respuestas y tus pensamientos.

Pídele opinión a quien ya ha logrado lo que tú buscas

Con frecuencia tenemos en nuestro entorno a personas con una mayor experiencia en el área en la que queremos progresar.

A estas personas debemos contarle todas nuestras dudas, y darles la información suficiente sobre nuestra situación para que puedan darnos su opinión con el mayor número de elementos.

Durante años, en mi familia criticamos a una tía nuestra porque ahorraba cada centavo que tenía y era la que menos ganaba de la familia. Sin embargo, ella siempre tenía dinero y con su modesto sueldo de secretaria se compraba un apartamento cada tres años; con el tiempo acabé dándome cuenta de que tenía mucho que aprender de ella.

La pregunta que podemos hacer a estas personas es: «¿Qué harías tú en mi situación?».

Busca un coach

Lo más importante en este caso es que sea una persona que ya logró lo que tú quieres alcanzar. Para asegurarte de que es bueno, pide referencias de personas que han tomado su *coaching* y han logrado los resultados que querían.

Tener un buen *coach* es una excelente inversión. Mi esposa y yo invertimos bastante dinero cada año en mentores y eso es lo que nos ha permitido crecer tan rápido.

Recibe más recursos e ideas de Carlos Devis...

INSCRÍBETE EN

www.mipazfinanciera.com

CAPÍTULO 27

MONETIZA TU TALENTO Y TU CREDIBILIDAD

«Produce para ti las fortunas que produces para otros».

Julio es arquitecto. Hace 12 años tuvo una quiebra como constructor y trabajó con una cadena de almacenes para ayudarles a construir nuevos locales. En su trabajo fue aprendiendo a encontrar los puntos potenciales para los nuevos locales, a negociar el lote, a estructurar el paquete financiero, tanto con el vendedor del lote como con su empresa...

Además, hacía también el diseño y la construcción. Trabajó en esto durante casi diez años, y cuando empezó a escuchar mi podcast decidió que había sido suficiente y renunció a su trabajo; la empresa lo valoraba tanto que le ofreció un contrato en el que mantenía su mismo salario, pero como consultor con proyectos específicos.

Durante sus años en la empresa Julio había construido una gran credibilidad y había hecho muy buenos contactos, de manera que comenzó a buscar sitios comerciales estratégicos para negocios.

Por ejemplo, si un propietario vendía su lote por 1.000.000 de dólares, él le ofrecía venderlo por 2.000.000 de los que él se quedaría con 500.000 dólares, si éste le daba una opción de compra por 24 meses.

Julio estructuraba el concepto de negocio, buscaba marcas o grandes empresas a las que les interesara el sitio y las comprometía para comprar un local. Cuando ya lo tenía pre-vendido, acudía a un fondo de pensiones y les ofrecía el proyecto. Ellos lo financiaban y

Julio les cobraba por organizarlo, por lo que ganaba en la venta de los locales y además, su empresa constructora edificaría la obra.

Era exactamente lo mismo que había hecho en su trabajo durante diez años, la diferencia era que ahora podía ganar 1.000.000 de dólares en cuatro años, más del doble de lo que solía ganar, solo con ese proyecto. Debemos tener en cuenta que, además, podía repetir la misma estrategia una y otra vez, llevando a cabo hasta tres o cuatro proyectos de forma simultánea.

Otro ejemplo es el de Javier. Él tiene 38 años y durante 14 años fue ascendiendo desde abajo en una empresa que hoy vende 70 millones de dólares. Cuando lo despidieron Javier llevaba el área comercial, era el responsable de todas las ventas y ganaba 5.000 dólares mensuales. Dos años antes él había tomado mi mentoría, y con lo que había aprendido había organizado sus finanzas y comprado 4 inmuebles que ahora le permitirían cubrir sus gastos básicos.

Un mes después de que lo despidieran, me llamó para darme las gracias por el episodio 62 de mi podcast, titulado «Por fortuna me despidieron…No me había dado cuenta de lo que tenía». Cuando le pregunté qué tenía pensado hacer me dijo que iba a poner un almacén para comercializar los productos que él conocía y tuvimos la siguiente conversación:

— ¿Por qué pensar en pequeño si tú antes manejabas un presupuesto de 70 millones de dólares? —le pregunté.

—Pero yo sólo era un empleado —me respondió.

—Podrías ayudar a otras empresas de ese mismo sector a hacer crecer sus ventas y su rentabilidad de forma sustancial, no solo en tu país sino en los países vecinos, ¿no? —volví a preguntarle.

—Sí, claro —me contestó dubitativo.

—Pues haz una lista de todas las empresas que venden más de 30 millones de dólares en tu país y los países vecinos en el mismo sector y con los productos que ya conoces. Analiza sus estrategias de mercadeo y prepara, para cada una, una oferta en la que ayudes a aumentar sus ventas y su rentabilidad, y dales algunos puntos concretos en los que puedes ayudar. Ofrece una consultoría de diagnóstico y una de implementación. Piensa si puedes ayudar a una empresa de 30 millones a aumentar sus ventas en un 10%, serían 3.000.000 al año. Si haces lo mismo con dos o tres empresas, podrías ganar hasta cuatro o cinco veces lo que ganabas en tu trabajo anterior, pero teniendo una mayor libertad —le dije.

Ante su silencio, volví a insistir:

—Si tu jefe te hubiera dicho hace un par de años que iba a crear una división en la empresa que vendiese servicios de consultoría a la competencia, y te pidiese que facturaras 500.000 dólares en el primer año, ¿lo habrías hecho?

—Sí, claro —me contestó.

—Bueno, entonces hazlo por ti mismo y para ti —le dije con total certeza.

No sé si lo llevará a cabo, él mismo reconoce que podría lograrlo y está trabajando para superar el miedo y sus propios pensamientos negativos.

Cuando yo era niño, un primo mío me enseñó a montar en bicicleta. Para lograrlo, él corría detrás de mí agarrando la parte de atrás del asiento para ayudarme a mantener el equilibrio. Me soltaba sin avisar y yo pedaleaba sin ningún problema, hasta que me daba cuenta de que me había soltado y me caía. Podía hacerlo solo, pero pensaba que sin él me caería, y entonces así sucedía.

O esa historia que tal vez has escuchado de los elefantes el circo, que están acostumbrados a tener una cuerda alrededor del cuello que no les deja alejarse del lugar al que están atados, pues se tensiona cada vez que se mueven. Años después, pueden dejarle la cuerda al cuello sin que esté amarrada a ningún sitio y el elefante no se moverá.

Esta cuerda sería para nosotros el equivalente a pensamientos limitantes, tales como:

«Solo soy bueno produciendo dinero para otros, no para mí mismo».

«No puedo hacerlo sin la empresa detrás, ese es mi apoyo».

«¿Quién me va a pagar por eso?».

No estoy diciéndote que renuncies a tu trabajo o dejes lo que estás haciendo, te estoy invitando a que identifiques y cuestiones tus pensamientos, aquellos en los que te limitas decidiendo que lo puedes hacer mejor para otros que para ti.

Uno de mis profesores de la universidad decía que la libertad es solo una posibilidad. Si estoy varios días encerrado en mi cuarto durmiendo o viendo la televisión, es distinto a que si hay una orden judicial que no me permite salir de mi cuarto.

Libertad es saber que puedo salir aunque decida no hacerlo.

Y tú, si te propusieras comprar un inmueble al año, ¿cómo podrías hacerlo? **Gana dinero ayudando a otros con lo que sabes y amas hacer.**

Ponle números a tu talento

Si sabes hacer algo que les puede resultar útil o que les gusta a otras personas, ten la certeza de que te pagarán por ello. Hay clientes para todo si vendes de la manera adecuada tu producto o servicio.

- Una madre que durante años aprendió a cuidar a su hijo con síndrome de Down, ahora actúa como consultora para otros padres que se encuentran en la misma situación.

- Borja Montón, un joven español que estudió para convertirse en entrenador deportivo y no encontraba trabajo, descubrió su pasión por la magia y abrió un canal de YouTube en el que ahora tiene más de 800.000 seguidores.

- Mi vecino Stive, un oficinista con un trabajo aburrido que pasaba su tiempo libre aprendiendo y ejercitando técnicas de la india para meditar y tener una mejor alimentación. Ahora tiene una casita junto a un lago donde decenas de personas le pagan para que les enseñe a meditar y a comer más sano.

- Mi propia historia con los bienes raíces, ya que estoy monetizando mis conocimientos y mi habilidad para comprar inmuebles con descuento, usando estrategias creativas que aprendí de otras personas y había estado utilizando a lo largo de mi vida.

Fue mi amigo Luis Eduardo Barón, en su instituto de negocios, quien me enseñó, tanto a mí como a otros cientos de personas, a monetizar este conocimiento.

Esto no sucedió de un día para otro, tuve que invertir tiempo en aprender, pero puedo asegurarte que cada persona tiene un talento, un conocimiento, una información, que si la empaca de manera adecuada y la vende, servirá como otra fuente de ingresos.

Haz una lista de todo lo que has aprendido en tu trabajo que te ha ayudado tanto a ti como a otros a ganar dinero. Piensa, ¿qué haces bien en tu tiempo libre que a veces compartes con otros?

Una vez lo sepas, el siguiente paso es buscar a tu primer cliente. Al principio lo más difícil será aprender a superar tus propios pensamientos negativos e ir aprendiendo, poco a poco, la forma más adecuada de empacar y de vender. No te preocupes y da pequeños pasos, después del primer cliente siempre viene el segundo, y después el tercero.

De la misma manera que el primer inmueble es el más difícil, el segundo es un poco más fácil y el tercero lo es mucho más aún.

Comienza con el primer paso

Daniel estuvo a cargo del departamento de compras de una empresa de automóviles durante nueve años, hasta que un día le llamaron desde la gerencia y le despidieron porque la empresa estaba pasando por una reestructuración.

Daniel era argentino, pero vivía en Colombia, tenía 40 años y 2 hijos a quienes mantener. Me llamó preocupado e hicimos el ejercicio anterior juntos, así cayó en la cuenta de todo lo que sabía: productos, fabricantes, ventajas y desventajas de cada uno, problemas de mercadeo...

Le propuse que llamara a las empresas de productos que más le gustasen y les ofreciera ser su representante para vender su producto a su empresa anterior y a otras en las que lo conocían. Él me dijo:

—Carlos, pero yo solo he sido un almacenista, no me van a tomar en serio.

—A todos les interesa vender, no pierdes nada, llama —le respondí con seguridad.

Durante semanas lo estuvo pensando pero no llegó a hacer nada, pues él mismo se rechazaba antes de empezar. Yo le preguntaba:

— ¿Qué es lo peor que te puede pasar?, ¿que te digan que no? No pierdes nada. Si te dicen que no, simplemente pasas a llamar a la siguiente opción.

Él decidió dar el primer paso: una llamada, una pregunta... 20 años después, Daniel tiene una empresa sólida de la que vive cómodamente y está entrenando a su hijo para que continúe con el negocio.

Un pequeño paso no cuesta nada y te puede abrir un universo entero. Si te dicen que no, escucha el POR QUÉ no, aprende de ello y prueba suerte en otra parte.

¿Cuál sería, en tu caso, ese pequeño paso que podrías dar?

¿Cuándo vas a hacerlo?

Aprende a venderte

Dice mi amigo Luis Eduardo Barón que si sabes vender nunca serás pobre.

Aunque digas que no te gustan las ventas, en realidad estamos vendiendo continuamente en nuestra vida diaria: cuando quieres convencer a tu pareja, tus padres, tus hijos, tus jefes o tus empleados de que hagan algo que tú quieres, les estás vendiendo una idea o un concepto.

La venta, más que un talento, es una técnica que se puede aprender y que te servirá para todo. Hay decenas de vídeos gratis en internet y en las redes sociales que te darán ideas de cómo puedes vender mejor tu talento, producto o servicio.

Yo mismo te estoy vendiendo la idea de que puedes comprar un inmueble al año, y de que tienes muchas alternativas y recursos a tu alcance que no estás usando. ¿Lo estoy logrando?

Tu próximo paso…

Imaginemos por un momento que tu jefe te llama a su oficina y te dice:

—Tienes que hacer un presupuesto y un plan para ganar con tu talento 5 veces lo que estás ganando ahora. Lo quiero en mi escritorio en 90 días o estás despedido—.

¿Qué harías?

Ahora es tu turno:

Toma tu cuaderno de notas, y comienza a hacer una lista de todos los talentos que tienes y que podrías utilizar para comprar, al menos, un inmueble al año. ¿Qué harías exactamente? ¿Qué plan le presentarías a tu jefe?

Comienza a diagramar el plan y el presupuesto.

Una vez que lo tengas en tus manos, puedes decidir llevarlo a cabo o utilizarlo como base para generar un proyecto personal.

Recuerda, los límites solo están en tus pensamientos.

Recibe más recursos e ideas de Carlos Devis...

INSCRÍBETE EN

**www.mipazfinanciera.com**

CAPÍTULO 28

PONTE GUAPO PARA LOS BANCOS

«Cómo lograr crédito en casi cualquier banco».

Aprende las reglas de juego de los bancos y juega con ellas

Supongamos que a Roberto le gusta el fútbol, y juega con mucha habilidad y talento: anota goles con frecuencia y ha recibido varios trofeos y premios.

Ahora, comparemos el fútbol con lo que nos han enseñado que es el éxito. Roberto tiene un buen sueldo, grandes cupos en tarjetas de crédito, vive en una casa muy cara con hipoteca, tiene una casa de campo, también con hipoteca y varios automóviles de alta gama. En ese modelo de pensamiento, diríamos que Roberto tiene todos los símbolos del éxito.

Así que Roberto va al banco y estaciona en la puerta su auto último modelo que compró a 60 meses de plazo. Paga cumplidamente cada cuota, al igual que hace con el auto de su esposa; nunca se ha demorado un solo día pagando al menos la cuota mínima de las tarjetas de crédito. Se baja entonces del coche y se reúne con el gerente para pedir un préstamo.

Recordemos en este momento al jugador de fútbol: piensa que es un buen cliente para el banco porque tiene bastantes créditos, dos casas que están valuadas en mucho dinero, gana un buen sueldo y siempre ha cumplido con todos los pagos.

Sin embargo, el banquero juega al baloncesto, por lo que tiene unas reglas diferentes a las del fútbol. A él le interesa jugar con alguien que tenga ingresos seguros y cuyos pagos de cuotas o deudas mensuales no superen el 30 ó 35% de su ingreso.

En el juego del banquero los ingresos son mucho más importantes que los activos. Como Roberto tenía activos, pero muchas deudas, fue expulsado del juego. Así que salió del banco sin su crédito y muy desilusionado, porque aunque tenía activos, sus pagos mensuales se comían toda su capacidad de endeudamiento.

Para la mayoría de los bancos el criterio para definir la capacidad de endeudamiento de una persona es el mismo. El ingreso lo dividen en tres partes:

- 33% para pagar impuestos;

- 33% para comer, vestirse y otros gastos y el último

- 33% para pagos de cuotas mensuales que aparecen en los reportes de crédito: hipotecas, cuotas de automóviles, el pago mínimo de las tarjetas de crédito, cuotas de deudas estudiantiles, etc.

De esta manera, si una persona gana 3.000 dólares al mes, teniendo en cuenta que el banco permite para otorgar un crédito hipotecario solo un máximo del 30 ó 40% de los ingresos, y esta persona gasta 900 dólares al mes en pagos fijos, tiene dos cuotas de automóvil de 200 dólares cada una y 100 dólares más en tarjetas, solo le quedarían 400 dólares de cupo para endeudarse en una hipoteca.

Por esta razón, Kiyosaki dice que la casa de habitación es un pasivo y no un activo, porque mensualmente genera un egreso y no un ingreso.

Si eres independiente o tienes tu propia empresa, los bancos tienen criterios particulares dependiendo de si vendes productos o servicios o del sector en el que estés. Esta información te la dará cada entidad financiera.

¿Cómo cuentan las propiedades de renta para un crédito?

Lo bonito de los activos que están arrendados es que el banco tiene en cuenta que el arriendo paga la hipoteca y no divide ese ingreso en tres partes. Cada banco tiene una regla que acredita un porcentaje que va al ingreso, eso depende del banco y de la experiencia del inversionista.

Si es la primera propiedad de renta del inversionista, algunas entidades quizás le acrediten el 50%, y cuanta más experiencia tenga el inversionista y pueda mostrar los ingresos de las rentas de forma consistente, mayor será el porcentaje que le acreditarán. Tienes que hacer esa pregunta específica en cada banco.

Ponerte bonito, según mi amigo Jueverley Londoño es, antes de ir al banco, prepararse para mostrarles lo que ellos necesitan. Puedes ir a varios bancos, decirles qué es lo que estás buscando y preguntar qué requisitos necesitas cumplir para que te lo aprueben y para cuánto podrías calificar.

Estos son algunos criterios adicionales, que pueden variar según las políticas de cada banco y las circunstancias de cada persona, para prepararte para pedir un crédito. La idea es que, al igual que cuando quieres impresionar a alguien que te gusta te arreglas lo mejor que puedes, cuando vas a pedir un crédito debes convertirte en un cliente atractivo para el banco.

Pero, quiero que te quede claro que pedir el crédito se lleva a cabo en dos etapas distintas: la primera es ir al banco a preguntar qué necesitas para calificar para el crédito y por cuánto podrías ser aprobado; y la segunda es pedir el crédito una vez ya te hayas preparado con la información que te dieron.

El reporte de crédito

En general, ¿qué es lo que buscan los bancos? Pues un buen puntaje que depende del número de líneas de crédito, la antigüedad, que no hayas tenido demoras de más de treinta días o que no estés en cobro coactivo.

Les gusta que tengas cupos de tarjetas de crédito porque significa que otros bancos confían en ti, pero tampoco quieren que los cupos estén ocupados al cien por cien. Lo ideal es comprar y pagar antes de la fecha de corte, así les mostrarás que las usas pero que pagas el balance total antes de fin de mes. Y digo antes, porque así te aparecerán los gastos y el pago, y el saldo en cero. Así podrás construir tu crédito.

Por lo que meses antes de ir a presentar los papeles, pide un reporte de tu crédito y ve bajando los saldos en las tarjetas de crédito. Si tienes deudas que aparezcan no pagadas, es importante que lo soluciones antes de ir al banco.

Los vendedores te dicen que comprar un auto a plazos es bueno para el crédito. pero yo te digo que NO, NO, y NO, te están mintiendo. Lo que hace es comerse tu capacidad de endeudamiento durante años.

Si quieres construir crédito, saca una tarjeta de crédito y paga el saldo cada mes.

La importancia de las reservas

Como ya te he mencionado, a los bancos no les interesan mucho tus activos fijos, como podrían ser inmuebles o automóviles, porque les tocaría a ellos rematarlos y no quieren meterse en eso. El que una persona deje de pagar una deuda no es porque tenga o no activos: yo puedo tener activos por un millón de dólares en casa y no tener con qué pagar una cuota mensual de 1.000 dólares, es más, esto me ocurrió a mí en el pasado.

Por eso, además de los ingresos y el reporte de crédito, para los bancos es importante que tengas al menos tres meses de reservas en tu cuenta para pagar las cuotas que tienes en tu reporte, más la deuda que adquirirás.

Seguro que has escuchado a alguien decir que «el *cash* es el rey», eso es porque en la mente de un inversionista esa es la meta: el flujo mensual y la liquidez.

Pagar impuestos es buen negocio

Para crecer con crédito de los bancos es muy importante reportar en los impuestos todos los ingresos, eso te dará una mayor capacidad de endeudamiento.

Si tienes un negocio o emprendimiento, consulta con tu contable para organizar los ingresos de manera que el banco te los reconozca.

Deuda buena y deuda mala

Según los esclarecedores conceptos de Kiyosaki, la **deuda buena** es la que se paga sola y la **deuda mala** aquella que apenas adquieres el producto o servicio, este ya no valdrá nada o se habrá desvalorizado mucho; y lo que es peor, generará más gastos. ¡Paga tus deudas malas cuanto antes!

Tal vez estos requisitos parezcan difíciles de cumplir para quien no los conoce o no se ha preparado, pero piensa que los bancos tienen mucha experiencia en detectar las *red flags* que muestran que alguien está en peligro de sufrir una crisis financiera.

Al banco no le interesa hacer un remate o un juicio, no ganan nada con eso, una deuda mala les limita la posibilidad de prestar diez veces ese monto. El banco es solo un intermediario de dinero, que presta el dinero de otros y si su cliente no le paga, él tiene que responder por ese dinero.

Por eso, cuelga los botines de fútbol y ponte guapo para el banco... Verás que serás guapo también para muchos otros, ya que todos juegan al baloncesto.

Algunos de mis estudiantes, después de leer este capítulo, me pidieron una lista de lo que tienen que tener en cuenta para un crédito. Pero cada banco, según el tipo de crédito que estés pidiendo, tiene sus propias políticas y requisitos. Pregunta en los bancos, las cooperativas o las uniones de crédito, algunas veces tienen requisitos más flexibles.

No lo olvides: pregunta, pregunta, pregunta.

Tu próximo paso:

1. Ve a varios bancos, cooperativas o uniones de crédito y pregunta qué necesitarías para calificar para una hipoteca con ellos. No importa cómo esté tu vida financiera, estamos trabajando en un plan para que comiences ya.

2. Busca un reporte de tu crédito, observa qué puedes pagar y haz un plan para mejorarlo de forma sustancial.

Ejercicio

¿Para qué hipoteca califico?

Este es un ejercicio que te ayudará a saber cuánto, aproximadamente, te aprueba un banco. Ten en cuenta que esto depende, por supuesto, de cada banco y de la situación personal de cada cliente.

Como dijimos anteriormente, en general, el banco divide en 3 partes los ingresos de una persona. Calcula que el 33.3% de sus ingresos se destina al pago de impuestos, otro 33.3% se utiliza para comida y gastos personales y el 33.3% restante será la capacidad de endeudamiento disponible.

Esto se llama Relación deuda/ingreso. Los bancos piensan que si un cliente tiene más del 33.3% de pagos de cuotas mensuales, habrá un mayor riesgo de que la persona incumpla.

Si tienes empleo mirarán tus ingresos de los últimos 12 meses, para ver tu estabilidad.

Si tienes comisiones o tienes tu propio negocio te pedirán los dos últimos años de declaración de impuestos (esto puede variar de manera increíble de banco a banco).

Suman los ingresos tuyos y los de tu pareja y restan todos los pagos mensuales que tengas.

Ahora es tu turno:

Conoce de forma rápida tu capacidad de endeudamiento y cupo de crédito para el banco. Para ello anota tus ingresos y los de tu pareja, las cuotas de créditos que estés pagando y resuelve los cálculos propuestos.

Ingresos adulto 1	$
Ingresos adulto 2	$
Otros ingresos fijos	$
Total ingresos	**$**
Pago cuota automóvil 1	$
Pago cuota automóvil 2	$
Pago mínimo tarjeta de crédito 1	$
Pago mínimo tarjeta de crédito 2	$
Total pagos cuotas mensuales	**$**

Cálculo de Capacidad de endeudamiento:

Total ingresos $ dividido por 3 = $

Cálculo del Cupo de crédito para el banco:

Capacidad de endeudamiento $
Menos Total cuotas mensuales $

Cupo de crédito para el banco $

El banco calcula el pago de la hipoteca más seguros e impuestos.

Algunos bancos cuentan el 70% de los ingresos de arriendos de otros inmuebles.

Si tu capacidad de endeudamiento es baja, ve al capítulo 13: La bola de nieve para salir de deudas, y comienza a estructurar tus finanzas para poder aumentarla.

Recibe más recursos e ideas de Carlos Devis...

INSCRÍBETE EN

**www.mipazfinanciera.com**

 **CAPÍTULO 29**

ESTRATEGIAS PARA COMPRAR SIN USAR LOS BANCOS Y CON POCO DINERO

«Herramientas que aumentarán tu poder de compra y funcionan en cualquier país».

En uno de los muchos negocios locos que llevé a cabo hace años, en el que por supuesto, perdí una fortuna, contraté un estadio para un espectáculo musical y aprendí una lección que recordaré toda la vida.

En el estadio había más de veinte taquillas abiertas para comprar las boletas, y sin embargo, tuve que contratar a muchachos para que avisaran a las personas que se encontraban en las filas más largas que había otras ventanillas abiertas que no estaban atendiendo a nadie, pues todo el que llegaba se colocaba en la ventanilla en la que más cola veía.

Cuando pensamos que sólo podemos encontrar crédito a través de los bancos, estamos dejando abiertas otras 19 ventanillas que podríamos utilizar... quizás haya que caminar un poco o buscar más, pero si sabemos qué es lo que buscamos, lo encontraremos.

La educación financiera nos muestra puertas que la mayoría de personas no ven, pueden estar enfrente de nosotros pero, si no tenemos el conocimiento necesario, las dejaremos pasar.

Piensa, quizás a lo largo de tu vida alguna persona cercana a ti ha vendido su inmueble con un gran descuento que tú habrías podido aprovechar y además, a lo mejor habrías logrado facilidades adicionales debido a tu cercanía con esa persona.

Éstas son algunas alternativas para comprar sin usar los bancos que yo —y muchos de mis estudiantes— he puesto en práctica en Europa, Estados Unidos y América Latina, por lo que te puedo asegurar que funcionan en todas partes; eso sí, si buscas lo suficiente y de la forma correcta. Quizás tengas que preguntarles a 100 vendedores si te dan financiación pero, si UNO solo dice que sí y encuentras uno al año que te dé crédito o un descuento grande... ¡No te hará daño!

Y por favor, asesórate siempre con un abogado para los detalles legales y los contratos de cada país.

Arriendo con opción de compra

Cada vez que veas en una ventana un aviso que diga «se arrienda o se vende», tienes a un vendedor dispuesto a darte el arriendo con opción de compra. En este tipo de contrato le ofreces al vendedor tomar la propiedad en arriendo y tener un periodo de tiempo en el que puedes decidir si quieres comprarla o no. Normalmente este periodo tiene una duración de 12 meses, pero puedes pactar con el vendedor lo que más te convenga.

En este contrato se acuerda también el precio y la forma de pago, y también puedes pedir que, en caso de compra, se te reconozca lo pagado de arriendo o una fracción de ello como parte del dinero de la compra.

Además, durante este periodo de tiempo el dueño no puede vender la propiedad a nadie más que a ti, mientras que tú, tienes la opción de comprar, pero no la obligación. Al final, o durante el contrato, podrías venderle la opción a otra persona o simplemente entregar la propiedad, como cualquier inquilino.

Opción de compra

Uno de mis amigos encontró un lote que sabía que podría vender por un precio sustancialmente mayor pero necesitaba ocho meses para ello. Así que le ofreció al vendedor 10.000 dólares para que le diera la opción de comprar durante un año a un precio un 10% mayor de lo que estaba pidiendo, mientras que mi amigo organizaba la venta. Si en un año no compraba, el vendedor se quedaría con los 10.000 dólares y podría venderle la propiedad a quien quisiera.

¡A los seis meses se concretó el negocio y mi amigo ganó más de 200.000 dólares!

Financiación por el dueño

Yo he comprado varias propiedades utilizando este método. Por ejemplo, hace un par de años alquilé, junto a mi esposa, un apartamento vacacional a través de Airbnb y me di cuenta al llegar que el edificio tenía dos apartamentos a la venta.

El día que volvíamos a casa, mientras bajaba las maletas al auto, me encontré a un empleado del edificio y le pregunté por cuánto se vendía uno de los apartamentos; él fue a buscar al dueño para que pudiera hablar con él en persona.

Cuando apareció el dueño, un señor de unos cincuenta años, le pregunté:

— ¡Qué bonito este edificio! ¿Está vendiendo un apartamento?…

¿Cuánto pide?

—Sí —me respondió y me dio el precio.

— ¿Hace cuánto lo tiene en venta? —le pregunté.

—Como un año —me dijo.

—No sería para mí, sería para mi cuñado que vive en Cali. Si él le da una cuota inicial, usted ¿estaría dispuesto a financiarle el resto por un tiempo? —le pregunté.

—Claro, todo se puede hablar —me respondió.

No sé qué hubiera pasado, pero me tomó sólo tres minutos abrir esa posibilidad con un total desconocido.

Solo necesité tres minutos para abrir esa posibilidad con un desconocido.

Luis Eduardo Sosa, un joven estudiante de mi programa que vive en Bogotá, compró una casa con cuatro apartamentos en buenas condiciones y financiados a quince años por el dueño. Para encontrar esta propiedad tuvo que buscar más de doscientas, pero sólo con esta Luis Eduardo tendrá la mitad de lo que necesita para retirarse.

El banco nunca le habría aprobado ese crédito que el vendedor con gusto le concedió, pues no sabía cómo vender su propiedad y no podía mantener los gastos mensuales.

Tal vez te preguntes cómo funciona este tipo de contrato. Pues es bastante simple: el comprador da una cuota inicial al vendedor y éste financia en los términos que acuerden, se constituye una hipoteca a favor del dueño, la propiedad se pone a nombre del comprador y si éste no paga, el dueño puede iniciar el proceso de remate exactamente igual que haría un banco.

Esta figura funciona sobre todo cuando el vendedor no tiene hipoteca y la propiedad que tiene está totalmente pagada. Entre mis estudiantes tengo ejemplos de decenas de casos en los que ha funcionado.

Tan solo prueba preguntarle al vendedor, durante la entrevista, si consideraría la financiación por el dueño; te sorprenderá lo que te puedas llegar a encontrar. Es cierto que la mayoría te mirarán raro y dirán que no, pero solo necesitas que uno diga que sí. Recuerda: ¡busca los NO para encontrar los SÍ!

Dinero de parientes y amigos

Supongamos que una tía quiere poner dinero a plazo fijo y el banco le da un 4% anual. Yo podría ofrecerle el 7%, con una hipoteca de primer grado que respalde la deuda en forma segura y ganaríamos los dos.

Si tu credibilidad es alta entre tus parientes y te reconocen como una persona seria y cumplidora con sus compromisos, esta puede ser una buena forma de financiarte. Eso sí, no te recomiendo que lo hagas para construir o especular. Si quieres crecer debes cuidar tu credibilidad, es tu mayor activo. Si no tienes la más absoluta seguridad de que vas a poder cumplir lo que prometes, NO lo hagas. Mejor espera y crea las condiciones adecuadas.

Los préstamos familiares o de amigos tienen un gran costo emocional y el precio a pagar si las cosas no funcionan puede ser mucho peor que el interés de cualquier banco.

Si lo llevas a cabo, asegúrate de que todo esté claro, por escrito y legalizado. Aunque la persona te diga que no es necesario, tú hazlo, porque quizás pueda tener parientes que no se sientan cómodos con el negocio y eso podría llegar a causar problemas si no está todo perfectamente estipulado de una manera legal.

Dinero privado (Hard Money)

Hay inversionistas cuyo negocio consiste en prestar dinero a corto plazo a aquellos que llevan a cabo negocios con bienes raíces, como por ejemplo remodelar y vender. Este tipo de inversionistas son muy comunes en Estados Unidos, cobran dos o tres veces más que un banco y piden una cuota inicial del 20 al 30% del valor de compra de la propiedad. Algunos prestan hasta el 80% del costo de la remodelación, pero van dando el dinero según vaya avanzando la obra, lo que significa que el inversionista necesita tener liquidez para ese proceso.

La mayoría de estos préstamos tienen una duración de un año o menos, son muy estrictos y las penalidades por demora son muy costosas. A estos inversionistas no les importa la calidad del crédito de la persona a la que le están prestando, pues la propiedad actúa como garantía. Yo hago uso de ellos cuando compro propiedades que no están listas para un crédito convencional, después, reparo y refinancio con un crédito normal de banco.

Siempre les recomiendo a mis estudiantes que comiencen por propiedades que no necesiten más que arreglos cosméticos y que usen a los bancos para conseguir créditos, pues aunque es más difícil, es el camino más seguro.

El negocio de comprar, remodelar y vender puede ser extremadamente arriesgado si no sabes de construcción y no conoces bien el mercado, las reglas de la ciudad, los materiales, la forma de contratar...

Al empezar yo me metí en ese negocio sin saber y perdí mucho dinero, fue una pesadilla que duró casi un año.

Pagar con honorarios o servicios

Como hablamos en el capítulo 26, puedes cambiar tu trabajo por un porcentaje de la propiedad. Casos como el de Ingrid y su esposo hay en abundancia ya que es una forma estupenda de conseguir invertir en bienes raíces cuando no tenemos liquidez.

Carlos es abogado y vive en Bogotá. Trabaja haciéndoles los reglamentos de propiedad horizontal a las constructoras y les ayuda con la celebración de las promesas de contratos y escrituras. Él no recibe dinero por esto, sino que le pagan con apartamentos que recibe a un precio especial.

Estos apartamentos él no los vende, sino que los renta. De esta manera, Carlos todavía no ha cumplido cuarenta años y ya tiene su libertad financiera.

Dividir la propiedad

Tal vez recuerdes cuando te conté la historia de Hernando y el lote que compró por ofrecimiento de un vecino de su empleador. El lote era tan grande que lo subdividió y, con la venta de una de las partes, recuperó gran parte del dinero invertido.

El caso de Julián es similar. Él se había comprometido a comprar una casa con un lote muy grande. Antes de hacerlo preguntó en el ayuntamiento y descubrió que le permitían dividir una parte del lote de la casa, por lo que vendió el lote y con ese dinero pagó una gran parte de la propiedad.

Como ves, dividir una propiedad te puede ayudar a resolver algunos de los impedimentos a la hora de invertir. El límite estará en las reglamentaciones de cada ciudad y en tu creatividad.

Inversionistas

Una de las primeras preguntas que me hacen mis estudiantes es:

«¿Cómo encuentro inversionistas?».

Y yo siempre les respondo lo mismo, que hagan primero varias inversiones exitosas, aprendas y apliques el modelo. Cuando lo hayas hecho varias veces empezarán a aparecer personas que vean que te va bien y quieran que les ayudes a invertir su dinero.

Ten en cuenta que también dependerá de las estrategias que utilices a la hora de convencerlos para que inviertan en tu negocio y de tu capacidad de motivarlos.

Por ejemplo, Edgar, Cubano-Americano, creció en EE.UU. y a los 50 años decidió crear una empresa constructora en Panamá.

Después de hacer dos edificios pequeños, creó un proyecto de 38 millones de dólares y consiguió 5 millones de dólares de inversionistas sofisticados para financiar su negocio, aunque Edgar no tenía gran experiencia ni credibilidad como constructor.

¿Cómo lo hizo?

¿Cómo motivó a los inversionistas?

Usando estrategias que cualquiera puede usar para todo tipo de proyectos.

Si quieres conocerlas, te invito a escuchar el episodio #178 de mi podcast «Cómo consiguió inversionistas sin tener experiencia».

Ese es el camino: comienza con pasos pequeños, ten paciencia, aplica el modelo y verás los frutos.

Recibe más recursos e ideas de Carlos Devis...

INSCRÍBETE EN

www.mipazfinanciera.com

 # CAPÍTULO 30

LA DIFERENCIA ENTRE CARGAR Y AYUDAR. CUIDA DE TI CON EL MISMO COMPROMISO CON EL QUE CUIDAS DE LOS DEMÁS

«Libera los recursos de dinero, tiempo y emociones que utilizas cargando a quien no se quiere cargar a sí mismo»

Recuerdo cuando recibí mi primer salario: tenía doce años y había estado trabajando en un almacén de venta de camisas en el centro de Bogotá. Tan pronto recibí el dinero, fui a comprar un regalo para cada persona de mi familia: mi madre, mis hermanos, abuelos, primos... hasta que me quedé sin un centavo.

Después de darles los regalos fui el rey de la familia durante un par de días: recibí mil halagos por lo generoso que era y mi madre y mi abuela les contaron a todos los vecinos el corazón tan grande que tenía.

Pero la realidad es que mi familia estaba pasando por una situación económica difícil: yo apenas tenía ropa y mis medias y calzoncillos estaban rotos y viejos, y les había dado a todos regalos que en última instancia eran tonterías que la mayoría apreciaban un minuto y luego olvidaban.

Mientras tanto, me había olvidado de mis necesidades.

Lo que recibí a cambio fue la aprobación y el reconocimiento de mi familia, especialmente de mi madre, mi abuela y mi tía, que eran las más cercanas a mí y que tampoco sabían cuidar de sí mismas: ellas lo daban todo por otros aunque estos no lo necesitaran ni lo valoraran.

En el ambiente en el que crecí aprendí que si después de pagar mis gastos me sobraba dinero y no lo utilizaba era un tacaño. De la misma manera, si tenía algún ahorro y alguien de la familia me lo pedía y yo no se lo daba aunque me lo estuviesen pidiendo para un capricho, es que era un egoísta. No importaba que la otra persona nunca devolviera el dinero o no hiciera el esfuerzo suficiente para buscar sus propios recursos.

En mi familia el dinero era para pagar las cuentas, darse gustos y ayudar a otros, sin ninguna visión de futuro ni de inversión. Era como si sólo existiera el presente, las frases de planificación financiera que se escuchaban eran de este estilo:

«Amanecerá y veremos».

«Dios proveerá».

«De qué sirve lo que tienes si no te das gusto».

«Nadie te quita lo bailado».

«Cada hijo nace con su pan debajo del brazo».

Mi madre, mi abuela y mi tía, siempre trabajaron jornadas largas y muy duras, sin embargo, nunca tenían un solo centavo. Para ellas ahorrar era como un secreto sucio —«*Mijo*, tengo esta plata guardada pero no se lo digas a nadie»— y los ahorros siempre terminaban usándose para la necesidad de otra persona, aunque ellas lo necesitaran desesperadamente.

Daban todo pero no pensaban en sí mismas, no existía equilibrio.

Cuando comencé a tener éxito y a ganar bastante dinero, me acostumbré a escuchar chistes o comentarios como estos:

«Ahí va el ricachón...».

«Usted sí que nació parado».

«Gaste, que usted tiene suficiente».

«No sea tan tacaño como...».

«¡Pero cómo no va a pagar la cuenta!».

«Ayude que para eso tiene…».

Había momentos en los que yo daba dinero a pesar de que no tenía o de que en ese momento no sentía que fuese justo hacerlo, pues la otra persona se metía una y otra vez en el mismo problema. Y sentía rabia hacia mí mismo por no ser capaz de decir que no, ya fuese por mi sentido de culpa o por la necesidad de aprobación.

Todo esto no sucedía porque alguno fuera una mala persona, sino porque vivíamos en la ignorancia e inconsciencia financiera; a veces unos hacíamos el papel de salvadores y otras el de salvados.

En todos los sistemas familiares y empresariales hay personas que no asumen su propia responsabilidad, que recrean el mismo problema una y otra vez y siempre tienen una historia cada vez más dramática que la anterior para explicar por qué necesitan que otros carguen con ellos. Además, incluso resienten a aquellos que los ayudan porque no lo hacen de la manera que ellos quieren.

Y los que interpretamos el papel de salvadores, renegamos y nos odiamos por hacerlo de nuevo, pero somos incapaces de decir «no». Así, lo que ganamos de forma perversa —y digo perversa porque es dañina para todos— es la aprobación de otros y aliviar en nosotros la culpa que sentimos por tener éxito.

Hay una gran diferencia entre apoyar y cargar. Cuando a alguien se le acaba la batería del auto y yo le presto la mía para que pueda encender el suyo de nuevo o le ayudo a empujar hasta que arranque, eso es apoyo, y todos necesitamos un empujón así una o varias veces en la vida.

Pero si por el contrario, yo me dedico a empujar el coche mientras el otro está sentado tras el volante esperando a que el carro prenda sin que él tenga que hacer nada o sin ser consciente y agradecido del esfuerzo que el otro está haciendo por ayudarle, eso es cargar, y les hace daño a todos. Al que es empujado porque no asumirá su responsabilidad y al que empuja porque está quitando recursos a su propio crecimiento o alterando su calidad de vida y la de aquellos más cercanos. Como decía mi tía: «Está haciendo más pesado al muerto».

Siempre me ha gustado dar, ayudar a los demás, verdaderamente me hace muy feliz y creo que es lo que le ha dado a mi vida un sentido maravilloso. Creo que no ha habido muchos días en mi vida en los que no haya tratado de hacer algo por alguien, aunque no lo conozca, y estoy seguro de que seguiré así mientras mis sentidos o mi vida me lo permitan.

Pienso que la persona que no da, crea soledad y desconexión. Y cuando hablo de dar no hablo solo de dinero: puede ser tiempo, conocimiento, consejos...

Mi gran error fue no pensar en mí mismo. Fui un irresponsable al pensar que si yo daba, la vida me daría de regreso, cuando en realidad lo que estaba haciendo era llegar a anciano sin tener lo suficiente para ser independiente financieramente, por lo que habría acabado siendo una carga para alguien.

Eso no hubiese sido justo ni para mí, que había trabajado y ganado un buen sueldo toda la vida, ni para la persona que tendría que cargar conmigo.

Entendí tarde que **la forma eficiente y duradera de cuidar a las personas más cercanas a mí era crear mi propia independencia financiera y apoyarlos a crear la suya** para no ser una carga para ellos en caso de enfermar o no poder trabajar más. Por ejemplo, menos mal que no me pasó nada cuando mis hijos estaban estudiando, porque no estaba preparado para sobrevivir ni noventa días sin trabajar.

En los aviones, antes del despegue, el auxiliar siempre dice: «En caso de despresurización de la cabina las máscaras de oxígeno caerán automáticamente; si van con menores, pónganse la mascarilla antes de ponérsela a él».

Es una buena metáfora de la vida: si no me doy a mí mismo, no tengo cómo dar.

Si ganas un buen dinero, no sientas que tienes que cargar con todos los que no. Presupuesta qué tiempo y qué recursos vas a dar para que haya un balance. Observa además si la persona a la que estás ayudando se está ayudando a sí misma o si estás cargando con ella y de esa manera, creando un desequilibrio en tu relación, además de una demora en tu crecimiento financiero.

Cuando sueltas cargas que están desbalanceadas hacia ti, liberas recursos que puedes invertir en tu crecimiento financiero.

Tu próximo paso:

1. Observa si en tus relaciones sientes que has creado un balance entre dar y recibir. Piensa en 5 relaciones importantes para ti y observa el balance en cada una de ellas.

2. ¿Estás cargando o apoyando a otro o a otros? Escucha lo que tenga que decir tu pareja en este tema.

3. ¿Qué recursos puedes liberar que te ayudarán a crecer, financieramente, si balanceas tus relaciones desbalanceadas?

4. Recuerda si en algún momento sentiste que fuiste una carga para otra persona y cuáles fueron las consecuencias para ti.

Te recomiendo escuchar el episodio #108 de mi podcast «La diferencia entre cargar y ayudar» y el episodio #24 «Lo que nunca conté cuando era Súperman».

Escucha gratis los audios recomendados...

INSCRÍBETE EN

 www.mipazfinanciera.com

🏠 QUINTA PARTE

HAZ QUE TUS PROPIEDADES
TRABAJEN PARA TI

CAPÍTULO 31

CÓMO PROMOVER TU PROPIEDAD PARA ARRENDARLA EN POCO TIEMPO A BUENOS INQUILINOS

«Haz tu tarea con dedicación y obtendrás los resultados que quieres».

En este capítulo hablaremos sobre cómo alquilar o vender una propiedad a su precio justo y de una forma mucho más rápida que la competencia. Para ello basta con seguir los siguientes consejos que he acuñado a lo largo de mis años de experiencia en este campo.

Es muy importante resaltar que el hecho de que una propiedad no se venda o se alquile se debe únicamente a dos factores bien conocidos: que el precio se haya fijado incorrectamente y/o que la publicidad haya sido inadecuada.

¡No es nada más que eso!

No se puede establecer el precio de la propiedad a partir de nuestra propia percepción, ni de lo que digan nuestros vecinos o sencillamente lo que nos dicte el corazón. Es un proceso técnico, no emocional, y debe tratarse como tal. En este punto, son muchos los que fallan por simple desconocimiento.

Ahora bien, si has establecido un precio adecuado para tu propiedad, pero no se lo muestras a las personas adecuadas que estén dispuestas a comprar o arrendar, por mucho que el precio sea el indicado, no conseguirás llevar a cabo un buen negocio.

De esta manera, estos dos factores que hemos mencionado van de la mano en el momento de negociar un inmueble.

Sin más preámbulo, me gustaría compartir contigo una serie de consejos que estoy seguro te facilitarán enormemente la tarea de vender o alquilar:

1) Pon tu propiedad a punto

¡Todo entra por los ojos!

Ten en cuenta que debes presentar tu inmueble de la mejor manera posible y por eso debes asignar una parte del presupuesto a cuestiones estéticas. Por ejemplo, arreglar la pintura y la humedad de las paredes, reparar los muebles de la cocina, los baños y los armarios, y en general cualquier aspecto que afecte a la estética de tu propiedad.

Llevar a cabo estas intervenciones no implica los costes de una remodelación completa, simplemente es ajustar algunos detalles.

Haz que tu propiedad parezca una casa modelo. Seguro que alguna vez te habrás fijado en que las casas modelos les gustan a muchas personas. Pues bien, es así porque en ellas la decoración, los colores y los acabados están pensados para agradar al mayor número de personas posible. Por eso, lo mejor que puedes hacer es guiarte por la paleta de colores y materiales que se utilizan normalmente en este tipo de viviendas.

En este punto debemos mencionar también que si tu intención es vender una propiedad que no se encuentra en buen estado, debes entender que el precio bajará y que el público al que se le ofrecerá el inmueble será más segmentado. Es decir, por lo general una propiedad en mal estado solo les interesa a inversionistas o a personas que están dispuestas a comprar para remodelar a su propio gusto.

La buena noticia es que estas propiedades también se pueden vender si tenemos en cuenta, de manera juiciosa, los factores discutidos al principio del capítulo.

2) Establecer el precio correcto

¡Éste es uno de los puntos más importantes!

Para este propósito debes desapegarte de cualquier sentimiento y no pensar en valores que pueden ser importantes para ti pero que no influyen para nada en el precio de venta o alquiler, como por ejemplo:

- «En esta casa nació mi último hijo».

- «Este apartamento lo heredé de mis padres».

- «Aquí crecimos mis hermanos y yo».

Establecer un precio de una manera profesional y objetiva requiere de un poco de investigación de mercado. Dedica varias tardes a recorrer el vecindario en el que se encuentra tu propiedad y a visitar portales inmobiliarios en internet para poder obtener la mayor cantidad de información disponible en cuanto a precios y áreas construidas. Así podrás establecer, de forma segura, los promedios en los precios de venta o alquiler.

Haz lo que no hacen los demás: visita las propiedades de las que ya tienes datos de precio y área y fórmate una idea real de cómo lucen estos inmuebles. Tras cada visita escribe todas tus observaciones, tanto las positivas como las negativas. Por ejemplo:

la luminosidad de la casa, el estado de los baños, los colores y materiales, la distribución, las características del parqueadero, etc.

Una vez hayas hecho esto, calcula el precio promedio del metro cuadrado (en alquiler o venta) solo de las propiedades que sean similares a la tuya. Cuando hablamos de similitud nos referimos al área construida, a los acabados, al número de habitaciones, baños y parqueaderos y al estado del inmueble en general (de ahí la importancia de visitar cada propiedad personalmente). Para que el resultado sea más preciso, te recomiendo que obtengas al menos diez datos diferentes de cada inmueble.

Por último, multiplica el valor obtenido por el área de tu propiedad y obtén el precio de la misma —prepárate porque el resultado podría sorprenderte—. Éste será tu punto de partida. Después, podrás hacer un ajuste del precio al alza, especialmente en caso de venta, no mayor a un 5 por ciento para poder utilizarlo después como herramienta de negociación.

Ten en cuenta que cuanto más pequeño sea un inmueble, más costoso será el precio por metro cuadrado. No necesariamente una propiedad que tenga un tamaño un 25% inferior a otra tendrá un arriendo un 25% menor, puede ser sólo un 10%. Por eso, la manera más segura es buscar inmuebles muy similares al tuyo y preguntar, preguntar, preguntar.

Si decides usar una agencia para administrar tu propiedad, haz la tarea previa de confirmar los precios de arriendo y venta. Ellos no tendrán el mismo interés que tú y, si te sugieren un precio muy bajo, percibirás una suma menor a la pudiste haber conseguido. Y, si es muy alto, demorará la renta de tu propiedad.

Cuando tengas dudas lo puedes poner al mercado y la misma respuesta de los interesados te dará la solución. Siempre podrás recibir las llamadas o mostrar tu propiedad y después decir que ya está arrendada y ajustar el precio.

A continuación, te dejo una guía de preguntas para hacerles a los vecinos que te pueden ser útiles a la hora de averiguar el precio de la renta o la venta:

Buenos días... mi nombre es...

Qué bonito vecindario, estoy viendo si arriendo (o compro)

aquí (para mí ... mi hijo... mi papá).

¿Le molestaría si le hago algunas preguntas para saber más

antes de tomar mi decisión?

¿Hace cuánto que vive aquí?

¿Qué le gusta del vecindario?

¿Qué tal son los vecinos?

¿Qué tal es la administración? ¿Resuelven los problemas?

¿Qué le parece difícil?

¿Es fácil de arrendar (o vender) aquí?

¿Cuánto paga de arriendo? o ¿Cuánto pagó por la propiedad?

¿Hace cuánto tiempo?

¿Cuántas habitaciones tiene la casa?

Los últimos que arrendaron (o vendieron) ... ¿Sabe por cuánto

lo hicieron? ¿De qué tamaño es la propiedad?

Yo sé que parecen muchas preguntas pero, si las haces «conversadas», contándole a la persona de ti y de tu vida para darle confianza, te sorprenderás lo que puedes descubrir. Los celadores, o las personas que trabajan en la comunidad, también pueden ser muy buenas fuentes de información.

3) Tomar las mejores fotografías y vídeos de tu propiedad

No sabes la cantidad de anuncios «fallidos» que se encuentran en portales inmobiliarios con fotografías y videos muy mal hechos (o directamente sin ellos). Casi podría decirte que alrededor del 50 por ciento de las publicaciones cometen este error.

El consejo más importante que puedo darte en este punto es que busques ayuda de un profesional para asegurarte la obtención de buenos resultados.

Sin embargo, si quieres aventurarte a hacerlo tú mismo, podrás obtener resultados decentes si sigues estas recomendaciones:

- El objetivo de las imágenes es tratar de resaltar las fortalezas de tu propiedad y disimular un poco sus debilidades, así que identifica esas fortalezas y busca un buen ángulo para disparar tus fotos.

- El espacio debe estar absolutamente limpio, organizado e iluminado. Trata de hacer tus fotografías en el momento del día en que tu propiedad reciba mayor luz natural y si has de usar otras fuentes de iluminación (bombillos, reflectores, etc.), procura que no salgan en tus fotos.

- Asegúrate de que el espacio no esté sobrecargado de decoración y evita que tus imágenes tengan algún tipo de sesgo político, religioso, deportivo o racial.

- Procura que no haya reflejos resultantes de los cristales de las ventanas o de las pantallas de los computadores o televisores (estos, por supuesto, deben estar apagados).

- Cuida que en el encuadre de tus fotografías no haya nada fuera de lugar: escobas, trapos, platos sucios, ollas, mascotas, camas deshechas, etc.

- Es aceptable que utilices un lente gran angular para dar mayor amplitud visual al ambiente, pero NO intentes obtener un resultado similar mediante la edición de la imagen. Es decir, no modifiques el ancho o alto de una imagen para hacer que un espacio parezca de un tamaño que no es real.

- Piensa que estas imágenes y vídeos son los que van a traer potenciales compradores o arrendatarios a tu propiedad, por lo que no le quites importancia a esta tarea.

TIP: si vas a utilizar un teléfono celular para obtener tus imágenes y videos, hazlo de forma horizontal y no vertical.

4) Hacer mercadeo y publicidad

Este tema es muy amplio, pero trataré de condensarlo en pocas líneas.

Avisos impresos en ventanas

Piensa en toda la gente que pasa frente a tu propiedad a diario. Haz avisos muy grandes que todo el mundo pueda leer, en especial si es un piso alto, y cuida que las letras también sean grandes.

Por favor, nada de coger un pliego de papel y escribir con un rotulador.

Este tipo de publicidad ofrece mejores resultados los fines de semana, puesto que la mayoría de personas que buscan propiedades en alquiler o venta caminando por el vecindario, lo harán durante el fin de semana. Por esta razón, debes estar atento al teléfono y dispuesto a recibir un buen número de llamadas esos días.

Avisos en portales inmobiliarios

Elige tus mejores fotografías y videos para subir a internet y haz una descripción detallada de tu inmueble, resaltando sus fortalezas. Utiliza todas las herramientas disponibles: si el portal permite subir veinte fotografías y un video no dejes espacios en blanco, pero tampoco repitas fotografías; si la propiedad está disponible para venta o alquiler inmediato, utiliza anuncios de pago pero, por el contrario, si tu propiedad aún no está disponible, puedes empezar a poner anuncios gratuitos hasta con 45 días de anticipación (ésta es una de nuestras estrategias más usadas).

Si tu propiedad es de alto valor o muy exclusiva deberás segmentar tu publicidad, y para ello será necesario contactar con un experto.

Los avisos segmentados en redes sociales y buscadores son muy eficientes si se hacen de la manera correcta, por eso nuestro consejo es que contrates a un profesional.

TIP: utiliza otras formas de hacer publicidad de manera gratuita. Aquí van algunas ideas:

- Avisos en carteleras de tu trabajo.

- Avisos en carteleras de supermercados cercanos.

- Boca a oreja.

- Mensajes en tus redes sociales (en este caso pide acción en el título, por ejemplo, «Amigos, ayúdenme a difundir este aviso de alquiler»).

Tu próximo paso...

Vamos a poner en marcha los primero 3 pasos de este capítulo para ir preparándote.

1- Inspecciona tu propiedad, por dentro y por fuera, y haz una lista de todos los arreglos estéticos que necesite para poder venderla o arrendarla si así te lo propusieras. Por supuesto que si hay arreglos de infraestructura que fueran necesarios, agrégalos a la lista.

2- Realiza un presupuesto de todos esos gastos.

3- Establece el precio de venta o alquiler siguiendo los pasos propuestos en el ítem 3 del capítulo. Recuerda el método aprendido en el capítulo 17 que también te dará un parámetro del valor de tu propiedad. Si realizaste el ejercicio propuesto, ya tendrás una base, si no, este es un buen momento.

4- Si este es el momento, y ya has tomado la decisión, continúa con el resto de los pasos aprovechando todos los tips que se mencionan.

Recibe más recursos e ideas de Carlos Devis...

INSCRÍBETE EN

 www.mipazfinanciera.com

CAPÍTULO 32

CÓMO ELEGIR UN BUEN INQUILINO

«Los problemas con un inquilino se notan desde que muestra interés en tu inmueble».

Sesenta días antes de que tu inmueble sea desocupado o que esté listo para arrendar, debes comenzar su promoción en las páginas de internet especializadas en arriendo o venta de inmuebles. Es importante que tengas buenas fotos de tu propiedad porque es lo primero en lo que se fija el cliente. También debes realizar una descripción que sea llamativa con calificativos que resalten sus ventajas, por ejemplo: linda vista, cerca del metro, renovado, acogedor, etc

Si tienes un precio de mercado y haces una buena promoción, no tardarás en encontrar personas que se interesen por el inmueble.

No te afanes por arrendar rápido, si no estás teniendo suficientes llamadas puede ser por el precio, las fotos o sencillamente que no estás promoviéndolo lo suficiente. En ese caso, plantéate la posibilidad de pagar algunos avisos.

No te muestres ansioso. Piensa que si le fueras a prestar tu automóvil a alguien tomarías antes varias precauciones, ¿no? Pues tu propiedad vale más que tu automóvil así que hazlo con paciencia y cuidado.

Una vez que comiences a obtener respuestas a tus avisos, te recomiendo que sigas los siguientes pasos:

1. Atiende adecuadamente a tus prospectos

Los prospectos son aquellas personas que «cayeron» en tu red de publicidad, así que trátalos como se merecen pues son compradores o arrendatarios potenciales.

Cuando hables con alguien interesado en tu inmueble, dedícale el tiempo necesario. Si por alguna razón no puedes ofrecerlo en ese momento, recibe la llamada con amabilidad, pregúntale si lo puedes llamar en otro momento y pídele su nombre y número de teléfono para poder contactarle más tarde.

TIP: anota ese dato de inmediato, no permitas que tu mala memoria te haga perder prospectos.

Y en el caso de tener el tiempo necesario para dedicarle, ¿cómo debes atender las llamadas de personas interesadas? Pues bien, debes atender a estas personas como lo que son: tus posibles clientes. Aprovecha para crear un poco de empatía siendo respetuoso y amable y ofrece toda la información disponible de tu inmueble de forma clara y diferenciada, es decir, resaltando todas las fortalezas del inmueble: ubicación, distribución, iluminación, acabados, amenidades disponibles, servicios cercanos, etc.

Al mismo tiempo recopila algo de información de tu posible cliente, en especial si estás alquilando tu propiedad:

* ¿Cuántas personas habitarán el inmueble?
* ¿Tienen niños?
* ¿Mascotas?
* ¿Cuántos vehículos poseen?
* ¿Trabajan cerca?...

TIP: igual que en el caso anterior, nada más colgar anota toda la información que lograste recopilar así como la impresión inicial que te dio tu prospecto. No confíes en tu memoria. ¡Información, información, información!

Al despedirte, sin importar que tu prospecto se haya mostrado o no abiertamente interesado, dile que le vas a enviar la información de esta propiedad a su WhatsApp (no a su correo electrónico) y pregúntale si quiere que lo contactes dentro de unos días. Utiliza un formato estándar de información para enviar a los contactos. Es sumamente valioso en el momento de diferenciarte de tu competencia y permite que te puedan contactar de nuevo.

Este formato contiene información con el enlace de la publicación de tu inmueble, el vídeo, la dirección, los formularios de arrendamiento, los formularios de la aseguradora, la dirección de la propiedad, la ubicación en Google Maps, pero no el precio; la persona deberá contactar contigo para averiguar el precio o recordarlo si es que lo olvidó. Envía este mensaje tal cual lo prometiste: nada más colgar la llamada, sin demoras y sin excusas. La información a la que me refiero se vería de la siguiente manera:

_____ buenos días   8:26 AM ✓✓

Mi nombre es _____ del departamento _____ 8:26 AM ✓✓

Parque
www.google.com

https://maps.google.com/maps/search/Parque/4164854038799285
1757817z7hl=es   8:26 AM ✓✓

Esta es la dirección actualizada: Carrera _____

8:26 AM ✓✓

FORMULARIO DE SOLICITUD DE
ARRENDAMIENTO PERSONA NATURAL
ARRENDATARIO

Documentación-Requerida

1 page – PDF – 150 KB   8:26 AM ✓✓

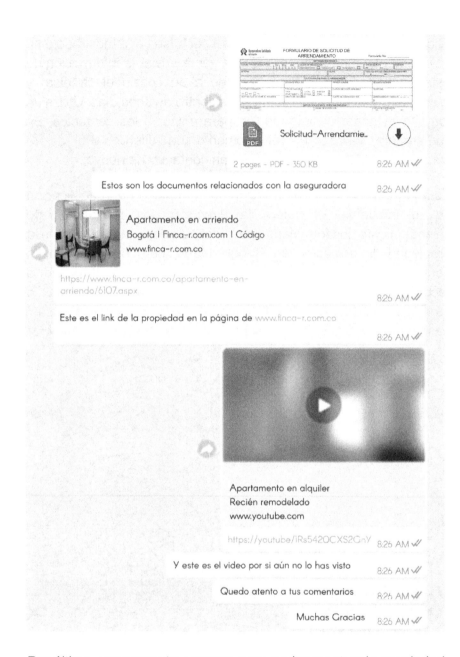

FORMULARIO DE SOLICITUD DE ARRENDAMIENTO

Solicitud-Arrendamie..

2 pages - PDF - 350 KB — 8:26 AM ✓✓

Estos son los documentos relacionados con la aseguradora — 8:26 AM ✓✓

Apartamento en arriendo
Bogotá | Finca-r.com.com | Código
www.finca-r.com.co

https://www.finca-r.com.co/apartamento-en-
arriendo/6107.aspx
8:26 AM ✓✓

Este es el link de la propiedad en la página de www.finca-r.com.co

8:26 AM ✓✓

Apartamento en alquiler
Recién remodelado
www.youtube.com

https://youtube/iRs542OCXS2GnY — 8:26 AM ✓✓

Y este es el video por si aún no lo has visto — 8:26 AM ✓✓

Quedo atento a tus comentarios — 8:26 AM ✓✓

Muchas Gracias — 8:26 AM ✓✓

Por último, programa tu semana para poder mostrar la propiedad, incluyendo las tardes de los días laborales y buena parte de los fines de semana. De esta forma, podrás ofrecer flexibilidad a la hora de concertar citas para conocer tu inmueble, lo que normalmente no sucede si delegas la tarea de alquilar o vender en una compañía inmobiliaria.

No es que tenga nada en contra de las compañías inmobiliarias, de hecho, son una muy buena elección cuando ya tienes un número importante de propiedades que excede tus capacidades de gestión.

2. Seleccionar al arrendatario adecuado

Obviamente, este apartado solo deberás aplicarlo en caso de que tengas una propiedad para alquilar.

Como mencionamos en el punto anterior, resulta de suma importancia recopilar toda la información que puedas sobre tus prospectos. Para ello, arma una base de datos con los siguientes datos:

- **Nombre**
- **Teléfono 1**
- **Teléfono 2**
- **Correo electrónico**
- **Medio de contacto**
- **Dónde vio el aviso**
- **Fecha de contacto**
- **Referencia personal (si hay)**
- **Teléfono de referencia personal**
- **Número de adultos**
- **Número de niños**
- **Mascotas (cantidad y tipo)**
- **Número de vehículos**

- Número de motocicletas
- Fecha de la cita para visitar la propiedad
- Observaciones

Una vez tengas estos datos, podrás aplicar filtros a tu gusto, de acuerdo a tu perfil ideal de arrendatario.

Por ejemplo, podríamos establecer que el perfil ideal para nuestras propiedades en alquiler sea de dos adultos con empleo, sin niños, mascotas ni vehículos (esto dependerá de cada propiedad y de cada arrendador).

Después de obtener una lista filtrada, nos fijamos en los comentarios que nosotros mismos incluimos para cada prospecto (impresión personal después de una llamada o una visita a la propiedad) y hacemos un ranking donde lo ordenaremos según nos interesen más o menos.

¡Y ya está! Ya tienes a los ganadores del concurso.

Cuando nos hayamos decidido volvemos a ponernos en contacto con ellos para seguir con el proceso legal de contratación y toma de seguros, estableciendo un lapso de tiempo prudencial para la tarea.

Si el prospecto seleccionado no aporta la documentación requerida en el tiempo establecido, contactamos al segundo de la lista, y así sucesivamente hasta que logramos firmar el contrato de alquiler y la respectiva póliza de arrendamiento.

3. Constituir pólizas de arrendamiento (para los países en los que aplique)

En la mayoría de países de América Latina, las compañías de seguros ofrecen un producto denominado «seguro de alquiler o arrendamiento». Éste asegura el pago del canon de alquiler al propietario del inmueble de forma oportuna, tal y como quedó pactado en el contrato de arrendamiento.

La ventaja de adquirir este tipo de productos es que le transfieres a la aseguradora toda la responsabilidad del análisis de la solvencia financiera de tu futuro arrendatario. Además, será la aseguradora quien se encargue de los cobros jurídicos que puedan surgir en caso de falta de pago por parte del arrendatario.

Como dato adicional diré que, en mi caso, nunca he tenido que hacer efectiva ninguna de mis pólizas de alquiler por impago de los arrendatarios, por eso puedo asegurar que los consejos que he dejado reflejados en este capítulo funcionan, en especial el de seleccionar al arrendatario adecuado.

4. Algunas ideas para manejar los problemas con los inquilinos

Una relación profesional pero cordial es el mejor tono emocional para resolver los inconvenientes que puedan presentarse con tus arrendatarios.

Por ejemplo, si hay demoras de más de cinco días, o lo que se acuerde en el contrato, es muy importante cobrar la multa por la demora para educar al inquilino sobre la importancia de pagar a tiempo.

Lo mejor es no decir que tú eres el dueño o dueña de la propiedad. Puedes decir que está a tu nombre pero que se la administras a un primo, a tu papá o lo que a ti te parezca mejor.

No dejes que las personas te carguen con sus problemas, tú escuchas y dices:

- **Qué pena, pero tengo que cobrarte porque a mí el banco me cobra la demora (o mi primo).**

Si la demora es de muchos días no dudes en pedirle a tu abogado que le haga una llamada al inquilino diciéndole que va iniciar el proceso y les envíe una carta a todas las personas que están en el contrato. Tú le dices al inquilino que, si necesita irse porque tiene problemas, tú le facilitas la salida, pero no dejes que tome ventaja de la situación.

Es muy importante aclarar en los contratos cuántas personas van a vivir en tu inmueble, si permites mascotas o no, si pueden subarrendar habitaciones, etc…

Un buen contrato, un buen tono emocional y cumplir las cláusulas para los dos lados.

Recibe más recursos e ideas de Carlos Devis...

INSCRÍBETE EN

 **www.mipazfinanciera.com**

# CAPÍTULO 33

¿USAR O NO USAR AGENCIA?

«Haz lo que te resulte más conveniente».

Esto, en realidad, depende de cada persona, del tiempo que tenga disponible y de la facilidad que tenga para resolver los problemas que puedan surgir.

Por ejemplo, al principio yo manejaba todo el proceso de compra y arriendo de mis propiedades, desde el inicio hasta el final; me encargaba de las publicaciones y de entrevistar a los prospectos con la metodología que te expliqué previamente.

En mi caso particular, ponía especial atención en su estabilidad laboral, en que no hubieran cambiado de dirección más de dos veces en los últimos dos años, que no tuvieran mascotas y que tuvieran buenas referencias. Observando sus extractos bancarios de los últimos seis meses podía saber fácilmente si pagaban o no sus deudas a tiempo y el estado general de sus cuentas.

Para los arreglos menores tenía a una persona de confianza a quien pagaba por hora y que tenía los conocimientos necesarios para solucionar los pequeños problemas. Hay personas que tienen el tiempo y la facilidad de hacer estos arreglos menores y que pueden funcionar muy bien mientras no tengas muchas propiedades.
Sin embargo, cuando ya tenía más de diez propiedades empezó a ser complicado poder manejarlas todas y no me alcanzaba el

tiempo, por lo que busqué una agencia que pudiese encargarse de ellas por mí.

Creo que la experiencia de haber manejado mis inmuebles mientras pude fue muy buena y me hizo aprender mucho. Por eso te recomiendo que intentes hacerlo si tienes el tiempo suficiente, pues es resulta más económico y enriquecedor. Mientras hayas elegido bien al inquilino y la propiedad esté en buenas condiciones, será muy poco el trabajo que tengas y podrás resolverlo sin dificultades.

Además, una agencia cobra entre un 8 y un 10 por ciento sobre el arriendo, más medio o un canon de renta cada vez que hay cambio de inquilino.

De todas maneras te recomiendo que, aunque luego decidas manejar la propiedad tú mismo, incluyas el costo de la agencia cuando hagas los números para comprar el inmueble.

Dicho esto, es verdad que una buena agencia puede ser un muy buen apoyo. Te recomiendo que en caso de contratarla, escojas una agencia pequeña que esté situada cerca de los inmuebles porque es más eficiente que una agencia grande donde todo se vuelve automático e impersonal.

Cuando hayas seleccionado algunas agencias, puedes visitarlas como si ya estuvieras interesado en que administren tu propiedad. A continuación te detallo algunas de las preguntas que yo le haría a la persona que me reciba, pero lo primero sería presentarme y generar el contexto:

—Hola, tengo un inmueble en este sector y tengo interés en buscar una agencia que me lo administre. Estoy llamando a varias oficinas para poder evaluar cuál sería mi mejor opción.

—¿Tendría inconveniente en contestarme algunas preguntas?

En caso afirmativo comenzaría a preguntarle:

—¿Desde cuándo operan en este sector?

—¿Cuál es su especialidad? ¿En qué tipo de propiedades (comerciales, apartamentos, de qué nivel)?

—¿Cómo cobran? ¿Cuál es su tarifa?

—¿Cobran aparte por nuevo inquilino? ¿Cuánto?

—Para los arreglos ¿ustedes tienen su propio equipo o subcontratan? ¿Cuánto cobran, un porcentaje adicional o está incluido en la cuota que me cobran mensualmente?

—¿Cómo pagan? ¿Qué día?

—¿Existe algún otro costo adicional del que no hayamos hablado?

—¿Cuál es el proceso que tienen ustedes para arrendar una propiedad?

—¿Cómo hacen la publicidad? ¿Quién contesta las llamadas?

—¿Me cobran por los avisos o los pagan ustedes?

—¿Promueven las propiedades individualmente o hacen un aviso para todas las que tienen?

—¿Tendría inconveniente de darme los nombres y teléfonos de tres ó cuatro de sus clientes para que les pueda preguntar acerca de sus servicios?

La forma en la que te respondan va a decirte mucho de la empresa, que no te dé miedo. Si son rudos o secos en la primera entrevista, en la que están vendiendo sus servicios, y no te gustan, después, cuando ya tengan un contrato contigo, serán aún peor.

Cuando llames a los clientes, hazles prácticamente las mismas preguntas y, sobre todo, observa cómo los atienden, cuánto se demoran en arrendar sus propiedades, si tratan bien a los inquilinos, si les pagan puntualmente, si le dan las cuentas al detalle y cómo los han atendido cuando han surgido inconvenientes.

De esta manera, podrás tomar una decisión más acertada y basada en hechos en lugar de tomar por cierto lo que te digan aquellos que quieren hacer negocios contigo.

Recibe más recursos e ideas de Carlos Devis...

INSCRÍBETE EN

**www.mipazfinanciera.com**

 # CAPÍTULO 34

¿PAGAR O NO PAGAR LAS HIPOTECAS?

«Evalúa detalladamente las ventajas y desventajas antes de decidir».

Esta es una decisión que dependerá de los números y de la estrategia de cada persona. Por ejemplo, si en este momento tu meta es crear ingresos pasivos para tu retiro, puedes utilizar las hipotecas como apalancamiento para crecer más rápido. Pero, **atención**, siempre y cuando sean con intereses fijos, los gastos se paguen con el arriendo y se tenga una reserva de seis meses por cada inmueble.

Es importante que te hayas puesto una meta sobre cuántos ingresos pasivos necesitas para retirarte. Ahora, una vez que tengas el número de propiedades que te propusiste, tienes dos alternativas:

1. **Continuar creciendo con hipotecas**, usando tus ahorros más el flujo positivo de las rentas para la cuota inicial de tus nuevas compras.

2. **Comenzar a utilizar los excedentes** de liquidez para pagar las hipotecas, comenzando por la más pequeña y yendo hasta la más grande, y utilizando la misma estrategia de bola de nieve que explicamos anteriormente en el Capítulo 13.

Son muchas las variables las que hay que tener en cuenta antes de tomar una decisión; aquí te dejo varios ejemplos:

- **Los intereses que pagas por tus hipotecas:** es muy importante que los tengas en cuenta: si tu hipoteca tiene un interés menor de un 5 por ciento anual, quizás la rentabilidad para tu dinero será mucho mayor si compras más propiedades en las que puedas ganar el 10 por ciento o más, ya que te quedaría flujo positivo.

- **Las circunstancias personales:** si estás comenzando tu vida financiera o estás en una etapa de buenos ingresos, puedes permitirte hacer crecer tu portafolio de una forma más agresiva que si ya estás cerca del retiro o te encuentras en una época de pocos ingresos.

- **Pagos adicionales:** los abonos a capital o los pagos adicionales, cuando se está comenzando el crédito, impactan de manera significativa el tiempo de pago, por lo que si tienes excedentes puedes ir acortando los plazos de esta manera.

   TIP: hay empresas que ofrecen «el servicio» de ayudarte a pagar antes tu hipoteca, y te hacen un contrato en el que les tienes que pagar a ellos para que te envíen tus pagos adicionales al banco, eso TÚ lo puedes hacer, no necesitas a nadie para eso, ellos tienen un buen discurso y folletos en los que te demuestran cómo puedes acelerar años el pago de tu hipoteca y podrías ahorrar mucho dinero en intereses, eso es muy cierto, solo que no los necesitas para eso, si tu envías tus pagos extras a tu banco tendrás esos beneficios sin tener que pagarle a nadie Nunca pagues a nadie por acelerar.

Si quieres terminar de pagar tu hipoteca antes de tiempo no necesitas refinanciar, solo tienes que enviar más dinero a tus pagos mensuales.

- **Refinanciamiento:** si vas a refinanciar, ten en cuenta los gastos bancarios y de escritura para tomar tu decisión: los números te dirán si deberás llevarlo a cabo o si no es un buen negocio.

  TIP: evita al máximo los intereses variables, son muy peligrosos. Aunque te los muestren como más económicos, pueden hacer que tu cuota se dispare de un mes a otro y subir tu deuda hasta que valga más que tu inmueble.

Antes de tomar cualquier determinación al respecto, evalúa a fondo tus circunstancias, las ventajas y las desventajas. Ésta NO es una decisión que se pueda tomar a la ligera.

Cuida tu flujo, cuida tus reservas y mantén tu estrategia.

Tu próximo paso…

A continuación, te invito a escuchar el episodio #214 de mi podcast «El método para pagar menos y ganar más con tu hipoteca», con Juverley Londoño, inversionista en bienes raíces, empresario y mentor en finanzas personales, donde te contará:

- Cómo puedes ahorrarte muy fácilmente hasta 36 meses de cuotas.

- Cómo puedes ahorrar en seguros casi una cuota al año.

- Cómo lograrlo con acciones fáciles y económicas que están al alcance de todos.

Recibe más recursos e ideas de Carlos Devis...

INSCRÍBETE EN

 **www.mipazfinanciera.com**

CAPÍTULO 35

CÓMO MANEJAR EL FLUJO DE LOS ARRIENDOS

«Maneja tus arriendos como si el dinero no fuera tuyo».

Como he mencionado varias veces a lo largo de este libro, **lo más importante en este negocio es el flujo**. La principal razón por la que las personas pierden sus propiedades de renta es porque «se comen» los arriendos y no mantienen de manera adecuada sus inmuebles, lo que provoca que los inquilinos tampoco cuiden el inmueble y que paguen mal o menos dinero.

El principio es tratar cada propiedad como un negocio independiente que tiene ingresos, la renta, y egresos: la cuota de hipoteca, los impuestos, seguros, manejo o administración, gastos de mantenimiento (5 por ciento del arriendo mensual) y provisiones para pagar los gastos cuando el inmueble no tenga inquilinos (5 por ciento del arriendo mensual).

Es importante tener, al menos, tres meses de gastos en reserva por cada inmueble que tengas, pero lo ideal sería tener seis. Aunque se manejen en una misma cuenta bancaria para no tener gastos adicionales, cada propiedad deberá tener sus propias cuentas. Esto ayudará a controlar los gastos y a poder presupuestar, por adelantado, grandes gastos futuros.

Tener reservas de dinero en las cuentas más de noventa días te dejará mejor posicionado ante el banco en caso de que necesites solicitar un crédito. Ellos te verán como un inversionista y el hecho de que puedas mostrar las cuentas claras de cada propiedad y que tengas reservas de liquidez por varios meses, te harán un prospecto más atractivo.

Sólo necesitas dedicar unos minutos al mes para analizar los gastos y los ingresos de cada inmueble, y así tendrás presente lo que está ocurriendo y podrás tomar decisiones que te ayuden a mejorar el flujo o a prevenir gastos mayores.

Lo que siempre aconsejo a mis estudiantes —y lo que yo hago— es que mientras tengan capacidad para trabajar no toquen el flujo positivo. Porque si nos quedamos sin empleo es fácil estancarnos en la comodidad de los ingresos pasivos, pero si nos prohibimos a nosotros mismos tocar ese dinero, la necesidad nos volverá creativos y nos hará utilizar nuestros recursos.

El crecimiento podrá ser increíble, porque en la medida en que tengamos más propiedades con flujo positivo, una vez pasemos nuestras metas de reservas, podremos comenzar a ahorrar para la cuota inicial de la siguiente propiedad.

Una cosa que me preguntan con frecuencia es si conviene manejar los inmuebles a título personal o es mejor ponerlos en una sociedad o estructura legal. Mi opinión en este caso es que al comienzo, cuando se tienen dos o tres inmuebles, no es eficiente pagar los gastos de impuestos y contables. Pero, sin embargo, cuando el portafolio crece es muy importante tener una estrategia legal y contable para optimizar los beneficios fiscales y tener las protecciones legales.

Para esto, debes elegir a contables y abogados que estén especializados en manejar muchas propiedades en renta; los mejores son aquellos que les manejan los negocios a personas con muchos inmuebles.

Cuando se pasan las propiedades a sociedades hay que tener en cuenta el efecto para los bancos o las empresas de seguros, pues ofrecen un tratamiento diferente según el titular del inmueble sea una persona natural o una empresa.

Tu próximo paso...

Escucha el episodio #66 de mi podcast «Cómo convertí un defecto en libertad financiera». Patricia Ochoa, madre soltera de 33 años, nos cuenta sobre todas las dificultades que atravesó desde que era una niña y cómo, en determinado punto, aprendió a organizar sus finanzas.

Ese punto de inflexión, le permitió crecer financieramente y convertirse en inversionista. Gracias al manejo adecuado del flujo de los arriendos de las propiedades que fue comprando, al día de hoy, ya tiene seis inmuebles y, según sus proyecciones, cuando cumpla los 35 podrá retirarse.

Recibe más recursos e ideas de Carlos Devis...

INSCRÍBETE EN

www.mipazfinanciera.com

🏠 SEXTA PARTE

CONCLUSIÓN

 # CAPÍTULO 36

EL INVIERNO ESTÁ LLEGANDO...
¿HABRÁ RECESIÓN?, ¿HABRÁ CRISIS?

«Quienes ganan en cualquier mercado son aquellos que saben lo que tienen que hacer. Por el contrario, los que pierden en cualquier mercado son aquellos que no saben lo que tienen que hacer».

La diferencia entre un mercado de vendedores —al alza— con un mercado de compradores —bajista— es que en este último al inversionista educado le cuesta más trabajo encontrar las gangas, pero aun así las encuentra.

Al final, es un problema de números. Piensa cuántos inmuebles puede haber disponibles en tu ciudad... por muy alto que esté el mercado si buscas bien, es decir, si sabes qué buscar, dónde y por cuánto, seguro que encontrarás un buen negocio.

El inversionista educado es como un francotirador: guarda su bala y espera pacientemente a que surja el momento adecuado, sabe exactamente lo que quiere, planifica y piensa antes de apretar el gatillo.

Más que mirar el mercado en general, el inversionista educado tiene una estrategia puntual concreta y busca lo que encaje en ella. La mayoría de las veces lo que los demás digan o lo que vea en las noticias no afectará a su decisión de invertir o vender. Por supuesto, tendrá en cuenta el contexto económico, pero analizará cada negocio en particular y en vez de paralizarse, buscará información objetiva —los números— y en base a esta tomará su decisión. Por ello, sabe ganar cuando el mercado sube, pero también cuando baja.

Como ya hemos repetido varias veces en este libro: en la estrategia de comprar, arrendar y mantener, el negocio se hace cuando se compra. Si se estudian los números y el mercado de renta de la propiedad antes de comprarla y se financia a más de quince años con cuota fija, no tendrás ningún problema aunque el mercado suba o baje.

Cuanto más alto sea el estrato en el que se compre, mayor será el riesgo de no poder arrendar en un mercado a la baja. Cuanto más popular sea la propiedad, más segura y más fácil de arrendar será en cualquier mercado. Porque si los precios suben, la renta de la vivienda popular subirá y si los precios bajan, también subirá porque habrá un mayor número de personas que no puedan permitirse arrendar propiedades costosas y buscarán ajustar su nivel de vida y disminuir su nivel de renta.

En lo que respecta a los bienes raíces, la mayoría de las ocasiones las personas pierden su propiedad porque han hecho una mala compra, no se saben endeudar o no han administrado bien sus propiedades. Te aseguro que si tú tienes una estrategia clara, no tendrás problemas y podrás encontrar oportunidades en todos los mercados y en cualquier país.

Actúa sobre lo que depende de ti, mantén tu presupuesto y tu estrategia, cuídate de no caer en la deuda mala, mantén al menos seis meses de liquidez para tus gastos y busca que cada inmueble tenga flujo positivo o al menos que se mantenga solo.

Cuídate también de esa mentalidad fatalista que te lleva a pensar que el mundo está a punto de acabar o que no merece la pena invertir si, en cualquier momento, puede ocurrir lo mismo que en Venezuela y el gobierno te quitará todo.

Lo que ocurrió en Venezuela estuvo gestándose durante veinte años antes de explotar, no sucedió de un día para otro. Los noticieros y los medios alimentan este fatalismo, pues juegan a crear miedo e incertidumbre para poder obtener audiencia, pero si haces un análisis calmado, te darás cuenta de que los inversionistas educados compran cuando todos venden y viceversa.

Busca la oportunidad donde todos tienen miedo. No hablo de especular ni de apostar, hablo de buscar lo que quieres en medio del ruido y del drama, que no es más que una visión de corto plazo.

Todos los años habrá invierno, siempre habrá desafíos, ya sean personales o en tu país, esa es la vida, nada más y nada menos. Pero, recuerda, lo peligroso no es el invierno, lo peligroso es no estar preparado para su llegada.

Tu próximo paso...

Me gustaría que te preguntaras:

¿Cuáles son los miedos a los que le estás dando el control de tu vida?

¿Cómo están afectando esos miedos a tu vida financiera?

¿En qué cambiaría tu vida si no tuvieras esos miedos?

¿Cuál sería un pequeño paso que podrías dar para superar ese miedo?

Para ayudarte, te aconsejo que pienses en un miedo que superaste y que gracias a ello pudiste alcanzar una meta importante de la cual te enorgulleces.

Utiliza las 4 preguntas de Byron Katie ante pensamientos negativos como, por ejemplo:

«Aquí va a pasar lo mismo que en Venezuela».

«El mercado está muy alto no se consiguen buenos negocios».

«¡Este país está muy mal!»

1- **¿Es eso cierto? ¿es absolutamente cierto?**

2- **¿Cómo actúas y qué pasa cuando crees en ese pensamiento?**

3- **¿Cómo sería tu vida si no creyeras en ese pensamiento?**

4- **Haz la inversión del pensamiento y piensa en varias personas que conoces y que con poco dinero han comprado varios bienes raíces.**

Recibe más recursos e ideas de Carlos Devis...

INSCRÍBETE EN

**www.mipazfinanciera.com**

CAPÍTULO 37

¿CUÁL ES EL PRÓXIMO PASO?

«Un pequeño paso cada día… te llevará muy lejos».

¿Cuándo puedo comprar mi primer inmueble?

Pues eso depende de cada persona, de su situación financiera y del mismo negocio. Comprar es fácil, lo importante es comprar bien y que aquello que se compre encaje en la estrategia financiera a corto y a largo plazo de cada uno.

Desde el punto de vista de las finanzas personales, al comprar es determinante pensar en el flujo; la compra no debe poner en riesgo el flujo mensual personal. Un inmueble caro, que se ha comprado con un sobreprecio sobre el mercado, puede llegar a ser un buen negocio al valorizarse con los años si la persona que lo ha comprado tiene el flujo para pagar los gastos.

Por otro lado, un inmueble comprado con muy buen descuento puede convertirse en un problema financiero si el inmueble no paga sus propios gastos o si la persona que lo compró no puede mantenerlo.

De la misma manera, el mismo negocio puede significar la muerte financiera para una persona y resultar un negocio espectacular para otra.

Un inmueble que se compra con una cuota inicial baja, buenos intereses, excelente precio y una renta que paga los gastos, puede ser un gran negocio para alguien que viva en la misma ciudad, tenga organizadas sus finanzas y pueda pagar fácilmente la cuota inicial con el dinero de sus ahorros. Sin embargo, el mismo inmueble puede ser un problema para una persona con muchas deudas o que tiene que endeudarse para conseguir la cuota inicial.

Los chinos dicen que un viaje de mil kilómetros comienza con el primer paso. Cuando empezaste la secundaria seguramente tenías el objetivo de conseguir tu grado de secundaria en seis o siete años y quizás pensabas en ser profesional o tener una carrera...

Tu primer paso para lograrlo no fue otro que ir ese primer día a la escuela, asistir cada día a clase y hacer los deberes. Si ese primer día hubieses pensado en hacer los exámenes del sexto año te habrías asustado y no te habrías creído capaz de lograrlo.

Para cada uno, el próximo paso es diferente, dependiendo de su situación financiera y personal. Si una persona tiene muchas deudas y sus finanzas son un caos, su primer paso debería ser hacer un presupuesto detallado de gastos e ingresos mensuales y una lista de todas sus deudas; así, tendría la meta diaria de controlar sus gastos y luego metas mensuales para ir pagando las deudas de menor a mayor.

Además, al mismo tiempo debería ir educándose financieramente, llamando y entrevistando a vendedores para practicar y perder el miedo.

Te sugeriría dos tipos de acciones simultáneas: estrategias defensivas y estrategias ofensivas.

Por un lado, las estrategias defensivas, que son aquellas que te permiten hacer más seguro y sólido lo que tienes hoy.

Estrategias defensivas:

- Tener unas finanzas personales más sólidas.

- Organizar el presupuesto y mantenerlo.

- Bajar los gastos.

- Pagar tus deudas malas.

- Si tienes pareja o familia, trabajar en crear un equipo con ellos, con la visión de la seguridad financiera familiar.

- Analizar lo que tienes que te está produciendo gastos y no lo necesitas o no lo usas.

- Analizar qué gastos están resultando una carga para el presupuesto de la familia cada mes.

Piensa, ¿hay algo que te esté produciendo gastos, que sea una carga para el presupuesto mensual de tu familia? ¿Lo necesitas realmente? ¿Puedes lograr el mismo objetivo de una manera más económica?

Plantéate también las siguientes preguntas:

¿Puedes renegociar los intereses de algunas deudas?

¿Puedes cotizar los seguros o los servicios con alternativas más económicas?

¿Puedes vender uno o dos de tus automóviles y usar una alternativa mientras saneas tus finanzas?

La estrategia defensiva consiste también en ahorrar, en tener una reserva de emergencia, saber cuánto tienes disponible en tu fondo de pensiones y averiguar si existe una alternativa mejor. También enterarte de cuál será tu pensión cuando te retires y qué necesitas para lograr el ingreso pasivo que quieres.

¿Y cuál es el primer paso? Toma lápiz y papel y haz una lista de todo lo que se te ocurre que podrías hacer hoy para comenzar, para hacer más segura tu situación financiera con lo que tienes. Observa qué acción es la que más te ayudaría a reducir tus gastos y comienza por llevarla a cabo. Después, ve trabajando uno en uno los ítems de la lista.

Obviamente, esto no es un trabajo de un solo día, es una tarea para todos los días. Si quieres ver los efectos a largo plazo es importante que crees los hábitos diarios de controlar el presupuesto, no crear gastos innecesarios y buscar la mejor opción de precio EN TODO.

Por otro lado, las estrategias ofensivas hacen crecer lo que tienes y te permitirán acelerar el proceso y evitar errores.

Estrategias ofensivas:

- **Edúcate financieramente.** Para mí la educación financiera de calidad es mi primer recurso: me ayudará a conocer mi mapa, a descubrir mis fortalezas y a cuidarme de evitar errores que pueden retrasar años mi crecimiento y, lo que es peor, crearme problemas y sufrimientos innecesarios.

- **Busca ingresos adicionales.** Otra estrategia ofensiva es buscar ingresos adicionales que me ayuden a acelerar el proceso, las mejores opciones son la venta de talento o de servicios que no implican gastos ni riesgos mayores.

- **Busca un trabajo mejor pago.** Algunas personas saben que podrían estar ganando más dinero y hablan continuamente de cambiar de trabajo, pero no buscan ni se mercadean lo suficiente. Debes pensar que solo un 10% más de tu salario es ya un sueldo más al año que puedes añadir a tu presupuesto, un ingreso que puede ir directo a pagar deudas o a tus ahorros.

- **Monetiza tu *hobby* o pasatiempo.** Pregúntate cómo puedes ganar un dinero extra haciendo aquello que te gusta, sin riesgo y con poca inversión.

- **Comienza a buscar inmuebles.** Aunque no tengas dinero para la compra comienza a buscar inmuebles. Hazlo como si fuera un juego: busca, llama y pregunta; al igual que cuando vas de compras y miras escaparates aun sabiendo que no vas a comprar nada. De esta manera te preparas y aprendes, y además puedes ir localizando el área en el que te gustaría invertir.

- **Busca cómo hacer productivos todos los bienes raíces que tienes.** muchos de mis estudiantes han empezado arrendando una habitación que no usan en su inmueble, poniendo su casa de campo disponible a través de Airbnb o haciendo una habitación adicional en su casa u oficina.

Es fundamental que busques formas de hacer negocio continuamente, pues de esta manera tu mente se entrenará para encontrar las oportunidades. Mantén la paciencia y tu estrategia, ve paso a paso: haz llamadas diarias, visita algunos inmuebles a la semana... y te darás cuenta que este ejercicio simple te abre la mente de una forma extraordinaria.

Un pequeño paso cada día te dará resultados que te sorprenderán.

Si haces algo, puede que no resulte como quieres, pero algo lograrás.

Si no haces nada, con seguridad no lograrás nada.

De manera simultánea trabaja tus estrategias defensivas y las estrategias ofensivas.

Recibe más recursos e ideas de Carlos Devis...

INSCRÍBETE EN

www.mipazfinanciera.com

CAPÍTULO 38

SI QUIERES CRECER, DEJA EL CLUB DE LOS PERDEDORES

«Tu energía y tu tiempo son los recursos que te ayudarán a transformar tu vida... ¿Los estás invirtiendo bien?».

Los Sufis dicen: «busca la santa compañía», mientras que los especialistas en Programación Neurolingüística dicen que, quieras o no, acabas pareciéndote a las cuatro personas con las que más tiempo pasas. Esto se conoce como el efecto espejo.

Es fácil ser el tuerto en un país de ciegos. No puedes elegir a tu familia pero sí puedes elegir a tus amigos, a las personas con las que pasas tu tiempo.

Si tus amigos...

- Son personas que se quejan todo el tiempo, que culpan a los políticos, a sus parejas, a sus jefes o a la mala suerte por las cosas que les ocurren...

- Son personas que se reúnen a hablar mal de los otros, a competir por el mejor vestido, automóvil, viaje o casa, o quien más esto o lo otro...

- Si te menosprecian, se burlan de ti o te critican a tus espaldas...

- Si cada vez que estás con ellos sientes que no vales o que eres menos...

- Si no tienen metas, no se están educando, no les interesa crecer, sino estar cómodos o les parecen aburridos los temas de aprender cosas nuevas…

- Si están hablando mal de sus parejas sin asumir responsabilidad ni cuidar sus relaciones de familia…

- Si para ellos «valores» son: ser más vivo que otro, ganársela de cualquier manera a los demás, buscar cómo se rompe la regla sin que lo descubran, hacer lo menos posible y cobrar por demás…

Entonces, deberías replantearte si estás en el lugar equivocado…

Si cualquiera de tus amigos se comporta de esta manera, no te están aportando nada, solo te están poniendo obstáculos para crecer y chupando tu energía. Das importancia a sus voces en tu cabeza y esto te hace sentir inseguro y puede afectarte cuando quieras comenzar un nuevo negocio o dar un cambio a tu vida.

Cuando compras este libro titulado «Un inmueble al año no hace daño», quizás piensas en lo que te dirán tus amigos cuando lo vean…

«Perdiste el dinero en ese libro, eso no se puede».

«Ya te vas a meter en otra locura».

«No creas esas cosas, eso no funciona aquí».

«¿Te vas a dejar lavar el cerebro por ellos? ¿Realmente crees esas tonterías?».

Puedo asegurarte casi con total certeza, que las personas que te hagan esas afirmaciones no tienen bienes inmuebles y no saben de qué están hablando. Por tanto, si les haces caso sería como un ciego describiéndole el paisaje a otro ciego.

Si tu tiempo y tu energía son tu recurso más valioso para crecer y transformar tu vida, ¿los estás usando bien?

¿Cuáles son los amigos que te suman, que te ayudan a crecer, a ver lo mejor en ti, a pasar tus miedos e inseguridades, a aprender herramientas que te ayuden a encontrar lo mejor para ti y para tu familia?

¿Cuáles son los amigos que cuando estas con ellos te sientes con ganas de progresar y de sacar lo mejor de ti en cada momento?

¿Cuáles son los amigos que te ayudan a cuidar de tu relación con los tuyos, que te ayudan a ver tus errores de una forma sensible y respetuosa, y respetan tus decisiones y opiniones?

No se trata de pelear con nadie, ni de intentar cambiar a nadie, se trata de que cambies tú y elijas empezar a tomar decisiones que apoyen aquello que quieres lograr a largo plazo.

Un buen amigo es como un buen amor: te ayuda a encontrar y a hacer florecer lo mejor de ti, te ven mejor de lo que tú te ves a ti mismo y te ayudan a encontrar el camino para que tú también puedas verte igual.

Tu próximo paso…

¿Cuáles de tus amigos te ayudan a crecer y ver lo mejor de ti y tu familia?

¿Cuáles de tus amigos te agotan, te drenan, te hacen sentir que no vales o que no eres lo suficiente y te alejan de tu familia y tu progreso?

Recibe más recursos e ideas de Carlos Devis…

INSCRÍBETE EN

🌐 www.mipazfinanciera.com

CAPÍTULO 39

¿ESTOY AVANZANDO?

«Para cada persona el ritmo es diferente.
Valora tus pasos».

El proceso que planteamos en este libro es muy sencillo de entender por las metas, pero no se lleva a cabo de un día a otro y, como todo lo que es sólido, tiene también desafíos y riesgos.

Para muchas personas, lo que planteamos en este libro, supone cambiar muchos aspectos de su vida: valores, hábitos, actitudes, metas... y por eso no todos tardarán lo mismo, para algunos tomará más tiempo que para otros.

Sin embargo, esto no debe ser causa de preocupación. Debemos pensar que es como cambiar un velero de dirección: toma tiempo y paciencia.

Hay personas que podrán salir de sus deudas en meses, otras en un año, dos, o incluso más... todo depende del tamaño de las deudas, de los ingresos, de los activos, de los desafíos personales que conlleve la vida de cada persona y del nivel de compromiso que tenga con el proyecto.

En algunas familias todos se suman rápido al cambio, pero en otras es un proceso más lento. Lo importante es avanzar un poco cada día y hacerse las siguientes preguntas:

¿Estoy cumpliendo mi presupuesto?

¿Estoy gastando menos de lo que gano?

¿Tengo deudas nuevas?

¿Están bajando mis deudas mes a mes?

¿Están creciendo mis ahorros?

¿Estoy mirando y buscando inmuebles, aunque no tenga intención de comprar ahora mismo?

¿Mantengo mi objetivo de comenzar a comprar un inmueble al año y sé que puedo conseguirlo?

Genera pensamientos y acciones positivas que te ayuden a reconocer tus logros:

- Pon en la nevera, o en donde lo veas a diario, un cuadro en el que marques las deudas que vas pagando, los intereses que te estas ahorrando...

- Prepara una lista de todo lo positivo que han traído estas decisiones a tu vida y a la de tu familia.

- Llénate de razones importantes para mantener tu rumbo.

- Piensa en la incertidumbre que vivías en el pasado, la claridad que te ha dado este camino y cómo eso afecta cada día tu vida y la de los tuyos.

- Piensa cómo esto va a afectar la vida de tus hijos y de tus allegados en el futuro.

- Cuando veas a una persona sufriendo por las deudas, siente gratitud contigo porque decidiste salir de esa vida.

- Piensa en cómo, con bienes raíces, estás creando una base muy sólida para tu vejez, para no tener que depender de otros ni ser una carga para la familia... Y lo mejor, para poder vivir la vida como tú quieres sin tener que trabajar.

- Piensa que no dependerás de un gobierno o un fondo de pensiones que no controlas para garantizar tu estabilidad.

- Piensa cómo una vez que aprendas y practiques el modelo, podrás aplicarlo en cualquier país... ¡y funcionará!

- Construye un diálogo interno que sea gentil contigo, que valore lo que estás haciendo... Tú tienes el control de tus pensamientos, no dejes entrar esas ideas que te atormentan, que no valoran tus avances ni tus esfuerzos y que te alejan de disfrutar lo que haces en cada momento.

- Usa tus pensamientos para reforzar tu proceso, enfócate en la gratitud contigo por tus avances, con los tuyos por su compañía, con la vida por las oportunidades que te ofrece en cada instante.

- Busca los apoyos que necesites cuando te compliques como libros, audios, mentores, talleres, amigos... lo que necesites.

- Habrá momentos en que te equivocarás o te saldrás del camino... Eso es normal, no te agobies, solo regresa a tu camino y reenfócate.

Recuerda lo que dicen los chinos: un viaje de mil kilómetros empieza con un primer paso y después un segundo, y después un tercero...

Valora cada paso, mide tu avance y cuando menos lo esperes, te darás cuenta de que has avanzado más de lo que nunca te hubieses creído capaz.

Recibe más recursos e ideas de Carlos Devis...

INSCRÍBETE EN

www.mipazfinanciera.com

# CAPÍTULO 40

MI PAREJA O MI FAMILIA SON MUY NEGATIVOS

«¿Qué podrías cambiar en ti para crear equipo y no estás viendo?».

Durante años me inventé negocios increíbles, y cuando se lo contaba a los demás lo pintaba como que cada uno era mejor que el anterior. Invertía tiempo y dinero en ellos, me endeudaba y después acababan siendo un desastre porque no los había planeado bien, porque no sabía en qué me estaba metiendo, porque no controlaba el tema o por cualquier otro error.

En resumen, el negocio fracasaba y yo me quedaba con los restos, los problemas con los socios y las deudas. Una y otra vez era mi familia la que tenía que soportar un recorte en los gastos para poder pagar mis deudas, mi mal genio o mi preocupación por no saber qué hacer.

Decenas de veces me llegaron conocidos a presentarme un supuesto negocio millonario para el que me habían elegido como socio porque les había caído muy bien. Ellos tenían una fila de inversionistas dispuestos a participar pero, sin embargo, me daban a mí la gran oportunidad. Claro está, sin presentarme referencias y sin tener resultados en sus propios negocios.

Y cuando aparecía el primer problema, de repente ellos no sabían nada del tema o no tenían la culpa y todo caía en mis manos, sin importar que yo no tuviese tiempo, experiencia o recursos para solucionarlo. Así, mi familia tenía que volver a sufrir los efectos de este problema.

Lo más impresionante es que tropecé con la misma piedra una y otra vez... Por eso, cuando escucho a mis estudiantes decir que su pareja o su familia son negativos con sus negocios, les hago las siguientes preguntas:

¿Crees que tu pareja/familia quiere lo mejor para ti?

¿Crees que tu pareja/familia te ha apoyado en muchos aspectos de tu vida, aunque a veces no hayas sido la persona más fácil?

¿Cuáles son las consecuencias que tu pareja/familia ha tenido que afrontar a causa de tus negocios fallidos? ¿Y cuántas veces?

Cuando hablas con tu pareja/familia acerca del negocio, ¿realmente tienes paciencia y apertura para escuchar y explicar toda la información relevante, sin defender ni maquillar nada?

¿Dirías que realmente escuchas y valoras sus opiniones?

¿Estarían ellos de acuerdo con esta respuesta?

Y, después de responder a estas preguntas, ¿aún piensas que tu pareja o tu familia son negativos?

Un buen líder sabe que su responsabilidad es adaptarse a cada miembro de su equipo, buscar la forma de hacer que se entusiasme por el proyecto y que vea los beneficios de formar parte de él. Y un buen líder sabe que esto toma tiempo y paciencia.

Por esta razón, comienza por los pasos que dependen de ti, por demostrar con tu ejemplo que lo que quieres hacer funciona y que tienes un compromiso a largo plazo. Reconoce tus errores abiertamente y agradece de forma expresa el apoyo que has recibido y la paciencia que han tenido contigo. Valora que el otro tiene su propio tiempo y prioridades y que espera que las respetes de la misma manera que tú querrías que respetara las tuyas.

Comienza entonces por los pasos que dependen de ti.

- Demuestra, con tu ejemplo, que lo que quieres hacer funciona, que tienes un compromiso a largo plazo y que no es «la receta de la semana para ser feliz y ganar millones».

- Reconoce tus errores abiertamente.

- Agradece de forma expresa el apoyo que has recibido y la paciencia que te han tenido.

- Valora que el otro, al igual que tú, tiene su propio tiempo y prioridades y también espera, sean respetados.

- Haz más importante la relación y el futuro de la familia.

Dale más importancia a tu relación con tu familia y a su futuro; si te manejas de esta manera tendrás la posibilidad de crear un verdadero equipo con los tuyos. Eso sí, no será de un día para otro, como todo lo que vale la pena.

Entonces, si tú eres el responsable de la opinión y la actitud negativa que tienen de tus negocios, pregúntate:
¿Qué es lo que no valoras de la otra persona y que estás esperando que ella valore en ti?

¿Qué podrías agradecer a la otra persona de forma expresa que te ayudaría a mejorar tu relación y el trabajo en equipo?

¿Qué cosas has hecho que han afectado a la otra persona y por las que deberías disculparte?

¿Qué podrías cambiar en tu forma de escuchar a los demás? ¿Y en tu forma de hablarle?

Tu próximo paso...

Te recomiendo escuchar el episodio #24 de mi podcast «Lo que nunca conté cuando era Súperman».

¡Puedes encontrarlo, en mi canal de YouTube!

CAPÍTULO 41

LOS INFIERNOS DE LOS BIENES RAÍCES, DE QUÉ CUIDARSE

«Hay muchos infiernos que podemos evitar».

Los bienes raíces, como cualquier negocio, tiene sus cielos y sus infiernos. A lo largo de este libro hemos hablado mucho de los cielos pero me gustaría que conocieras también los infiernos. Ya en los primeros capítulos hablamos de por qué les va mal a algunas personas con bienes raíces; ahora completaremos esa información con algunas reflexiones.

Comprar y vender es costoso

Ten cuidado de no salir corriendo con la «loca de la casa» a comprar lo primero que veas, ese sería tu primer infierno. En bienes raíces es fácil comprar, sólo necesitas tener el dinero para ello, pero comprar implica también el pago de escrituras, impuestos, reparaciones, costos financieros, seguros... lo que puede llegar a ser el cinco o el diez por ciento del valor de la compra —esto varía según la ciudad, país o el propio negocio—.

Además, para la gran mayoría de las personas, un inmueble será una parte importante de su patrimonio y su flujo mensual, PARA BIEN O PARA MAL. Por eso es muy importante saber qué se va a comprar, porque si se hace una mala compra será muy difícil vender el inmueble.

En general, vender siempre es más difícil que comprar, porque tienes que preparar el inmueble para la venta, pintarlo, mejorarlo, probablemente tendrás que pagar la comisión del vendedor, los gastos de escritura e impuestos...

Por ello, entre la compra y la venta de un inmueble puedes perder con facilidad el 20% de su valor, y eso sin tener en cuenta las pérdidas en los servicios, seguros e impuestos que se pagaron mientras estuvo desocupado, y el costo del capital y los intereses pagados o dejados de recibir.

La mayoría de los vendedores mienten

Ya sea con buena o con mala intención, porque no saben o porque quieren deshacerse de su inmueble. Por esa razón TÚ TIENES QUE HACER TU TAREA e investigar cuánto vale realmente ese inmueble en el mercado, por cuánto se puede arrendar y cuál será el coste de los arreglos que la propiedad necesita para que puedas llevar a cabo tu estrategia.

Cuida tus reservas de liquidez

El negocio de bienes raíces es un negocio con un margen pequeño. Habrá momentos en los que quizás un inquilino se demore en el pago o deje de pagar y, mientras, tú tendrás que mantener el pago de tus cuotas al banco y los seguros, o quizás surja una costosa reparación de forma inesperada.

Por eso, lo mejor es que calcules tener reservas de por lo menos seis meses de gastos, para poder mantener la tranquilidad, incluso ante los problemas.

Mantén las cuentas exactas por cada inmueble como si no fuera tuyo

Si no mantienes las cuentas puedes estar perdiendo dinero sin saberlo y además, no podrás deducir los gastos de los impuestos.

Planifica el mantenimiento de tu inmueble

No esperes a que las cosas se dañen para actuar. Tus inquilinos son tus clientes y si no cuidas tu propiedad, ellos tampoco lo harán. Debes hacer que se sientan orgullosos de vivir en el inmueble pues, como en todo, la prevención es más económica que la reparación. Muchos propietarios pierden sus inmuebles por no cuidarlos, ya que un inmueble mal cuidado atrae malos inquilinos y muchos problemas.

No conviertas a los inquilinos en tus amigos

Mantén una relación profesional con ellos; no quieras saber sus problemas, que seguro ya tendrás suficiente con los propios.

Trátalos de una manera muy cordial y respetuosa y cumple con lo que prometes, pero no te metas en sus vidas ni dejes que sepan mucho de la tuya. Porque si incumplen lo que dice el contrato y tienes que cobrarles una multa, una relación de amistad complicará la situación y seguramente intentarán aprovecharse de ello. Y no tiene que significar que sean malas personas, sino que a veces los problemas superan a las personas, igual que nos puede pasar a ti y a mí. Pero debes recordar que eso no es tu problema.

He de admitir que a mí mismo me cuesta llevar a cabo este consejo, porque tengo el Síndrome de la Madre Teresa y siempre quiero ayudar a todo el mundo. Por esa razón, tengo a una persona que se encarga del manejo de mis propiedades y yo no me involucro.

Deja todo por escrito

Si mantienes la estrategia de la que hemos hablado seguramente manejarás dos o tres contratos: el de compra, el de venta y el de arriendo. En general son formatos iguales a los que solo se le cambian los datos básicos, pero aun así debes hacerlos y formalizarlos por escrito, esto te ahorrará muchos problemas.

No arriendes a parientes ni a amigos

Es un gran riesgo porque no tendrás el control del inmueble y si algo no funciona, tendrás que sufrir también la presión social o familiar. Nadie se va a parar a pensar que tienes que pagar la hipoteca o que es tu inversión, para ellos serás un ricachón insensible al que solo le importa el dinero y puedes llegar a dañar tu relación con tus amigos o tus familiares.

Por eso mi consejo es que si te preguntan por arrendamiento, digas que tienes un socio o que debes dinero y tu acreedor debe aprobar de antemano al inquilino. Como decía mi abuela, «más vale uno colorado que cientos descoloridos».

No arriendes por ayudar a otro

Si quieres ayudar a alguien puedes darle dinero. No le des tu propiedad valuada en 50.000, 100.000 dólares o más sólo porque no está pasando por un buen momento. Eso no será más que una semilla de problemas de los que difícilmente podrás salir bien parado.

En lo posible no hagas sociedades

Cambiar un piso o cómo arreglar un baño puede parecer una decisión sencilla, pero si hay dos socios y uno de ellos no tiene dinero o no le importa la propiedad, puede llegar a ser un buen lío.

Por ejemplo, yo puedo ser muy buen amigo de Roberto, una persona muy correcta a la que conozco desde hace diez años y con la que llevo haciendo negocios desde entonces, pero si se muere o se separa yo me quedaré con el problema en las manos. Y además, liquidar una sociedad en un inmueble es un proceso muy costoso y demorado, y si hay bancos o créditos es aún más difícil.

Haz todo de forma legal, cumple todas las leyes

Si vas a comprar un inmueble y te dicen que no tiene licencia pero el ayuntamiento no se dará cuenta, NO LO COMPRES. Cuenta siempre con que el ayuntamiento puede darse cuenta o quizás un inquilino que se moleste contigo puede poner una queja y después, si quieres venderla, tendrás muchos problemas.

Antes de comprar pregunta siempre en el ayuntamiento si los permisos corresponden a lo que te ha dicho el vendedor o si existe algún problema con la propiedad. Recuerda que los vendedores mienten.

De la misma manera, si vas a hacer una adición asegúrate de que puedes hacerla y así te evitarás gastos innecesarios y problemas.

Haz tus deberes antes de comprar

Estudia los títulos de la propiedad —puedes pagar a un abogado que te asegure que no habrá problemas—, busca un contratista que te presupueste los arreglos, pregunta por la propiedad en el ayuntamiento, habla con los vecinos —ellos lo saben todo— y asegúrate del precio de compra y de arriendo. Con todo esto podrás asegurar que los números que has calculado son reales y que no tendrás sorpresas más adelante.

Cuídate de tus emociones

Si lo necesitas, muerde tu almohada, dale una patada a la pared o grita dentro de tu automóvil, pero no firmes nada mientras estés desequilibrado emocionalmente. Es decir, no vendas porque tuviste un problema con un inquilino ni tampoco compres sólo porque un sitio te pareció bonito.

Piénsalo, haz los números para comprar y vender y tómate tu tiempo; del afán no queda sino el cansancio.

Planea tu estrategia de salida antes de comprar

La vida da muchas vueltas y puede que tu plan sea comprar una propiedad para tenerla muchos años pero quizás, por cualquier razón, necesites venderla antes de lo que pensabas. Si esto ocurre, querrás que sea fácil de vender y que por lo menos puedas recuperar lo que invertiste en ella.

Así que es muy importante que tengas esto en cuenta a la hora de hacer la compra.

Edúcate, edúcate, edúcate

Todos los días aprendo aspectos nuevos de este negocio. Tengo cientos de estudiantes y me enriquezco hablando con ellos y escuchando sus puntos de vista. Por eso, invierto decenas de miles de dólares al año en educación, y cuanto más dinero gane, más gastaré en ello porque podré acceder a personas más exitosas que me ayudarán a alcanzar el siguiente nivel.

Si piensas que la educación es costosa, prueba no tener educación.

Cómo elegir una buena educación financiera

Hoy en día hay una gran variedad de vídeos, podcast o libros gratuitos, o muy económicos, y de fácil acceso. Sin embargo, te recomiendo tener en cuenta lo siguiente:

1. No todo el que se llama a sí mismo *coach* es necesariamente exitoso. Asegúrate que la persona sabe de lo que habla y que su experiencia refleja lo que te va a enseñar.

2. Una persona puede haber logrado muy buenos resultados pero no saber enseñar. Pregúntales a sus estudiantes y asegúrate de que han logrado los resultados que tú esperas conseguir.

3. ¿Comparte tus valores? Hay miles de caminos para llegar a Roma y yo desconfío de aquellos que prometen dinero rápido y fácil o que venden por vender, sin pensar en los resultados de sus clientes. Piensa que no sólo vas a invertir tu dinero, si te enseñan mal puedes llegar a meterte en problemas.

Por eso es importante que hagas los deberes antes de ponerte en manos de alguien y te asegures de que es la opción más adecuada.

Te recomiendo escuchar los audios «Mi pesadilla de comprar bienes raíces en USA», «Preferí mi hogar que una casa» y «Mi pesadilla al comprar bienes raíces en planos».

Escucha gratis los audios recomendados...

INSCRÍBETE EN

www.mipazfinanciera.com

CAPÍTULO 42

UNA SOLA COSA: EL PODER DE ENFOCARSE

«Multiplica tus resultados soltando todo menos una cosa».

24939 cm

16626 cm

11084 cm

7389 cm

4926 cm

3284 cm

2189 cm

1460 cm

973 cm

El modelo de inversión que te estoy compartiendo es para personas que tienen un trabajo o negocio que les da sus ingresos y que, si se organizan y ahorran, pueden invertir estos ahorros de forma segura en un negocio que no les quite mucho tiempo, que entiendan y que sea fácil de manejar.

Por eso te invito a que te hagas a ti mismo estas preguntas y reflexiones:

¿Qué es lo que te está dando dinero?

¿Cómo puedes mejorar lo que estás haciendo?

¿Cómo puedes ganar más dinero con eso?

¿Cómo puedes soltar todos los «negocios» o «emprendimientos» que son más un dolor de cabeza que un verdadero negocio?

Si te centras en lo que te da dinero para aprender a hacerlo mejor y ganar más dinero, organizas tus finanzas personales y te comprometes a comprar UN INMUEBLE AL AÑO que se pague solo y te deje algún dinero restante, podrás llegar a generar EL EFECTO DOMINÓ.

El efecto dominó se refiere a que un pequeño esfuerzo realizado de forma lineal y enfocada, puede generar una fuerza increíble. Tocando una pequeña ficha de dominó de 2,5 centímetros se puede llegar a tumbar una ficha de 2,5 metros de alto o un edificio tan alto como el Empire State de Nueva York.

Esto se puede llevar a cabo tan sólo poniendo en fila una ficha junto a otra que sea un 50% más grande que la anterior. Por ejemplo, si se coloca una ficha de 2,5 centímetros junto a una de 3,75 centímetros, seguida de una de 5,62 centímetros... puede llegar acumular la fuerza suficiente para mover objetos millones de veces mayores y más pesados que el de la primera ficha.

En 1983 *The American Journal of Physics*, publicó un artículo de Lorne Whitehead, quien descubrió este efecto, en el que mostraba el efecto multiplicador de la fuerza cuando una ficha tumba a otra un poco más grande que ella: la décima ficha podría tumbar a una persona que mida dos metros, la ficha 23 podría tumbar la torre de Pisa, y la ficha 31 tendría la capacidad de cubrir el monte Everest.

El efecto se da por una secuencia linear no simultánea, es decir, una después de la otra y no todas al mismo tiempo.

Las personas increíblemente exitosas se centran en hacer una sola cosa, en la que van mejorando poco a poco. Como su foco está puesto en un único objetivo, verán cómo los resultados positivos se incrementan día tras día. Al principio puede ser que la diferencia no se note tanto, pero la mejora gradual irá generando resultados que serán sustancialmente mejores

Igual que el deportista que se enfoca en mejorar su propio récord cada día, la persona que comienza con un dólar, luego dos, luego cuatro, y se enfoca en buscar el 10% de retorno al año, podrá llegar a ser muy rica.

Mis estudiantes siempre me dicen que el segundo inmueble que compran es más fácil que el primero, y que el tercero es más sencillo aún. El poder del enfoque puede llevarte de la ignorancia a la maestría, de la quiebra a la libertad financiera.

Gary Keller y Jay Papasan lo describen de una forma simple y esclarecedora en su libro *Sólo una cosa*: Comienza por algo pequeño, enfócate con obsesión en mejorar cada vez un poco más lo que es importante, lo que realmente marca una diferencia, y mide los resultados. Di no, al menos por ahora, a todo aquello que te aleja de mejorar lo que quieres.

Mejor una cosa bien hecha que muchas a medias

El término *multitask*, o lo que es lo mismo, hacer varias cosas a la vez, apareció en la década de los sesenta pero no en referencia a las personas, sino a las computadoras, y tiempo después se popularizó como un paradigma de eficiencia. Sin embargo, muchos estudios han demostrado que los mejores resultados y los más eficientes los logran las personas que se enfocan en una sola cosa.

Había una época de mi vida en la que si me iba bien en un negocio, en vez de mejorarlo me inventaba otro negocio nuevo, por lo que dejaba de hacer bien el primero y acababa por no hacer bien ninguno. Así, andaba ansioso y sufría tratando de «ponerle una vela a cada santo», como bien decía mi abuela.

La importancia de decir NO

Según la biografía de Steve Jobs escrita por Walter Isaacson, este solía decir que su mayor éxito se debe a haber sabido decir «NO» en vez de «SÍ». Contaba que cada día le ofrecían o se le ocurrían a él mismo decenas de proyectos, pero su fuerza radicaba en saber mantener, de manera obsesiva, su atención y sus recursos en lo que era importante en ese momento.

El simple hecho de decidir que no quieres más proyectos o que vas a hacer una sola cosa, libera mucha energía que puedes dedicar a aquello que quieras hacer.

Éstas son algunas formas sencillas que yo uso para decir no:

—No, gracias. Me encanta la idea pero no tengo tiempo ahora.

—Gracias por tenerme en cuenta, pero no sería responsable con usted si me comprometiera sin poder dedicarle a su proyecto el tiempo y la atención que merece.

—Gracias pero, por favor, pídamelo en otro momento, pues ahora no tengo los recursos necesarios para hacerlo.

—Gracias, por ahora no me interesa.

En realidad, el peor enemigo de mi enfoque es mi «loca de la casa», que hace que se me ocurran ideas y proyectos. Ahora lo que hago es anotarlo en una lista que llamo «quizás», en la que tengo todas las ideas y actividades que me gustaría llevar a cabo pero a las que en este momento no estoy dispuesto a dedicar tiempo ni recursos.

Tu próximo paso…

Te recomiendo escuchar los audios «Cómo usar el efecto dominó para crecer financieramente» y «Una sola cosa! El poder de enfocarse».

Escucha gratis los audios recomendados…

INSCRÍBETE EN

**www.mipazfinanciera.com**

CAPÍTULO 43

LOS PEQUEÑOS GRANDES PASOS

«¡Felicitaciones, has llegado hasta el final de este libro!»

Te quiero agradecer por invertir tu tiempo en estas letras que buscan, de muchas formas, que mis errores, estupideces y aprendizajes te ayuden a hacer más fácil, menos doloroso y más gratificante tu camino financiero.

Si el libro cumplió sus objetivos contigo, te habrá motivado a la acción, a cuestionar o cambiar tus pensamientos y paradigmas con respecto al manejo del dinero y de la inversión en inmuebles y te habrá mostrado que crear un patrimonio con bienes raíces es más fácil de lo que pensabas.

Al mismo tiempo, tendrás muchas preguntas e inquietudes, pero… *¡Así es el conocimiento!* Cada respuesta nos trae muchas otras preguntas y será la acción, el estudio y la experiencia, lo que te dará las respuestas.

El camino no será de un día para otro, habrá incertidumbres y momentos difíciles como en todo en la vida. Recuerda algún momento en el que hayas hecho una larga caminata y al comienzo, al ver la meta tan lejos, parecía casi inalcanzable. Todo lo que hiciste fue dar un paso, después otro y después otro, manteniendo la dirección y el ritmo, y manejando cada obstáculo en la medida en que aparecían. Y cuando te diste cuenta, lo que veías tan lejos estaba ahí, a tu alcance.

Siguiendo los pasos que hemos desarrollado a lo largo de los capítulos, organizar tus finanzas, pagar tus deudas malas, acumular patrimonio, comprar inmuebles y crear ingresos pasivos podrán ser un juego; una aventura segura que podrás crear y manejar a tu propio tiempo, porque al conocer las reglas y el camino, será más fácil.

Si quieres comenzar, hazlo con pequeños pasos diarios y consistentes.

Aprende a decir que **NO** a todo aquello que no te conviene:

- **A las deudas malas que no se pagan solas.**

- **A los gastos impulsivos y no presupuestados.**

- **A los negocios que no conoces y no controlas.**

- **A tus pensamientos tormentosos que te invalidan.**

- **A los pensamientos que no valoran tus esfuerzos.**

- **A culpar y resentir a otros en lugar de aprender de tus errores.**

Y aprende a decir que **sí** a todas las cosas que serán buenas para ti:

- **A los pensamientos de inversionista.**

- **A ahorrar lo máximo que puedas cada día.**

- **A gastar siempre menos de lo que ganas.**

- A rodearte de información y de personas que te ayuden a crecer financieramente.

- A buscar inmuebles como si fuera un juego.

- A preguntar, preguntar y preguntar, aunque no tengas con qué comprar inicialmente.

- A preguntar en los bancos, a ponerte guapo para las instituciones financieras o saber lo que requieres para prepararte.

- A hacer los números de cada propiedad que puedas para que entrenes tu sistema reticular.

- A pedir descuentos, financiación del dueño, arriendo con opción de compra.

- A invertir en tu educación financiera.

- A decidir y mantener tu estrategia hasta que saques lo mejor de ella.

- A elegir los pensamientos que te dan paz.

- A crecer tus emociones positivas, tu pasión y gratitud.

RECUERDA:

- «Todas las fortunas comienzan con el primer dólar».

- «Todos los grandes ríos comienzan con una gota de agua».

- **«Este libro comenzó con la primera palabra…».**

Todo lo que has logrado en tu vida ha comenzado con un pequeño paso… y después un segundo y un tercero…

Por hoy, tienes todo lo que necesitas para crear una vida financiera segura y serena.

Ahora sabes que TÚ PUEDES COMPRAR UN INMUEBLE AL AÑO o más.

De ayer a hoy nada ha cambiado, solo tu pensamiento… Luego, todo ha cambiado.

¡Feliz vida financiera para ti y para los tuyos!

BIBLIOGRAFÍA

ALLEN, ROBERT (1984). Nothing down. MA: Simon & Schuster.

BYRON, KATIE (2014). Cuestiona tu pensamiento, cambia el mundo. Madrid: Editorial Faro.

COVEY, STEPHAN (2014). Los 7 hábitos de las familias altamente eficientes. Madrid: Ediciones Palabra.

COVEY, STEPHAN (2007). El factor confianza. Barcelona: Ediciones Paidós.

DEVIS, CARLOS (2013). Convierta los problemas en oportunidades. Letrafresca Editorial Virtual.

HARO, JUAN (2016). Los trucos de los ricos: 92 trucos para multiplicar tu dinero, proteger tu patrimonio y reducir tus impuestos legalmente. Barcelona: Planeta.

HILL, NAPOLEON (2015). Piense y hágase rico. 1ª ed. 1937. USA: Aimee Spanish Book Publisher.

ISAACSON, WALTER (2011). Steve Jobs. MA: Simon & Schuster.

KARRASS, CHESTER (1996). Negociación efectiva: estrategias para la negociación exitosa. Stanford St. Press.

KELLER, GARY y PAPASAN, JAY (2016). Sólo una cosa: Detrás de cualquier éxito se encuentra una sencilla y sorprendente verdad: enfócate en lo único. Madrid: Aguilar.

KIYOSAKI, ROBERT (2016). Padre rico, padre pobre. Barcelona: De Bolsillo.

RAMSEY, DAVE (2003). La transformación total de su dinero: un plan efectivo para alcanzar el bienestar económico. México: Grupo Nelson.

ROBBINS, TONY (1991). Despertando al gigante interior. Barcelona: De Bolsillo.

ROBBINS, TONY (2018). Dinero, domina el juego: cómo alcanzar la libertad financiera en 7 pasos. Barcelona: Deusto.

STANLEY, THOMAS y DANKO, WILLIAM (1996). El millonario de la puerta de al lado. Barcelona: Ediciones Obelisco.

WHITEHEAD, LORNE y CURZON, FRANK (1983). Spinning objects on horizontal planes. The American Journal of Physics, Volumen 41, n°. 449.

PODCAST

E1—Ingresos Reales con Bienes Raíces

E2—Cómo logré pensión con bienes raíces a los 33 años

E3—Cómo conseguir crédito para bienes raíces sin usar los bancos en Estados Unidos

E4—Cómo encontrar buenas propiedades con descuento

E5—Cómo crear un patrimonio con lotes rurales

E6—Cómo comprar y arrendar apartamentos en estratos populares

E7—Cómo invertir y crear renta con oficinas

E8—El ejercicio de comprar sin comprar entrena a tu mente

E9—Mi esposo no lo podía creer: en Suiza 40% de descuento y sin crédito de los bancos

E10—Cómo ganar dinero con Airbnb Inc.

E11—Cómo creé una fortuna mientras ganaba el salario mínimo

E12—Cómo manejar las finanzas personales para comprar bienes raíces

E13—Cómo lograr la visa de residente en EEUU con bienes raíces

E14—Cómo pasar de agente de bienes raíces a inversionista y empresario

E15—La importancia de parecer más bruto y pobre de lo que eres

E16—Cómo convertir la finca familiar en un hostal o pequeño hotel

E17—7 Razones por las que no creces más con bienes raíces

E18—¿Puedo comprar bienes raíces si tengo muchas deudas?

E19—Trabajar duro NO es pensar en TU futuro

E20—Lo que hace la diferencia y la mayoría ignora en bienes raíces

E21—Cómo cuidarte de la burbuja inmobiliaria

E22—El negocio de los multifamiliares en la Florida

E23—Cómo usar el efecto dominó para crecer financieramente

E24—Lo que nunca conté cuando era Superman

E25—Cómo ganar arrendando habitaciones por meses

E26—Vende casas desde casa

E27—¿Conviene poner los bienes raíces a nombre de los hijos?

E28—Apenas con secundaria, inmigrante tiene 30 multifamiliares

E29—Genio para Ganar, Bruto para Guardar

E30—Cómo Convertir la Finca Que Nadie Quiere en un Proyecto Ecológico, Sin Tener Un Centavo

E31—Cómo compré con el arriendo una casa de $500 mil dólares

E32—Tres Mamás Exitosas en Bienes Raíces

E33—Cómo Ganar Comprando Lo Que Nadie Quiere

E34—A los 77 años recibe huéspedes con Airbnb

E35—Con ingresos de jardinero construyó multifamiliares en el mejor lugar del pueblo

E36—Yo Era Adicto a Las Deudas

E37—¿Por qué otros que saben menos y hacen menos, ganan más?

E38—La importancia de aprender a fracasar

E39—La mejor forma gratis de promover la venta o arriendo con muy poco dinero

E40—Cómo ganar arrendando a estudiantes

E41—¿Cuándo ayudar daña o me daña?

E42—Cómo crecer en pareja con Bienes Raíces

E168—De profesor a inversionista

E169—Como crear oportunidades de negocios extraordinarias

E170—Como tener éxito en tu multinivel y las inversiones en bienes raíces

E171—Cómo formé un buen equipo de trabajo con mi pareja

E172—Cómo crear una marca exitosa como profesional o empresario

E173—Cómo convertí 5 habitaciones en un hotel extraordinario

E174—Cómo cumplir lo que te propones

E175—Cómo multiplicar tus Ingresos para ser inversionista en Bienes Raíces

E176—De cero a más de cien locales sin deudas con Arturo Calle

E177—Cómo superar las barreras internas que te impiden invertir

E178—Cómo consiguió inversionistas sin tener experiencia

E179—¿La mejor VISA de inversionista en Estados Unidos de América EB5 o E2?

E180—Cómo sobrevivir financieramente al divorcio

E181—Cómo convertí un Terreno en una Gran Fortuna

E182—Claves para elegir un mentor o curso efectivo

E183—Inmigrante invierte en bienes raíces en EE.UU. sin papeles y con inglés básico

E184—¿Cuál es el objetivo del dinero para ti? Cambia tus pensamientos, cambia tu vida

E185—Cómo compré 6 Propiedades sin poder usar mis ojos

E186—De Campesino a Empresario: cómo comenzar en los negocios de bienes raíces

E204—Mi Pesadilla al Comprar Bienes Raíces en Planos

E205—De Niño Pobre a Campeón Mundial de Ciclismo

E206—Los 2 Dólares que me Dieron Libertad Financiera

E207—Cómo Multiplicar por 10 el Valor de una Finca

E208—Los Secretos de un Gerente de Banco

E209—Cómo compré dos multifamiliares con descuento y sin usar los bancos

E210—Ideas para crecer tu negocio en tiempos de crisis

E211—Cómo crear un negocio de bienes raíces en tu tiempo libre

E212—Errores comunes al elegir una agencia inmobiliaria

E213—De empresarios esclavos a ser libres con bienes raíces

E214—El método para pagar menos y ganar más con tu hipoteca

E215—Con 17 y 19 años transformaron financieramente a sus familias

E216—Peluquera compró su primer apartamento con visa de turismo y financiado por el dueño

E217—Cómo subir 15 veces el valor de la tierra

E218—Crearon su Jubilación con Bienes Raíces con Poco Dinero en 2 Años

E219—Cómo vender y comprar bienes con las Visitas Virtuales

E220—Empresarias exitosas que comenzaron de cero

E221—De agricultor a inversionista en bienes raíces

E222—El pensamiento para lograr resultados diferentes en tiempos de crisis

E223—Convirtió una casa mal arrendada en una máquina de rentabilidad increíble

E224—Termina o renegocia tus contratos legalmente por la pandemia

E225—Gana $600 dólares mensuales ¡con su jardín!

E226—Cómo construí mi apartamento, desde CERO, con $7000 dólares

E227—De 0 a 180 apartamentos ¡sin renunciar a su empleo!

E228—De subsidiada a inversionista en 90 día

E229—Aprende a trabajar con tu pareja de manera exitosa

E230—Cómo ganó más de un millón de dólares con el dinero del arriendo

E231—Multipliqué mis ahorros X10 con Bienes Raíces!

E232—De 0 a 6 Apartamentos ¡Financiado por el dueño!

E233—De cero a ocho apartamentos siendo madre soltera

E234—De cero a doce apartamentos en 4 años ¡sin dejar mi empleo!

E235—Construí 6 EDIFICIOS desde $0

E236—De cero a tres propiedades ¡Al Perder Mi Empleo!

E237—Cómo GANAR Comprando Apartamentos en Estratos Populares

E238—De Peluquera a Inversionista: Mi Primer Apartamento con VISA de Turismo

E239—Compré en Suiza con 40% de Descuento y ¡Financiado por el Dueño!

E240—De La Pandilla a Inversionista

E241—El Método Secreto para GANAR con las HIPOTECAS

E242—De la adicción y la quiebra a mi paz financiera a los 60 años

E243—De Artista a Inversionista ¡después de los 60!

E244—Enfermera, de 0 a 16 puertas, ¡a los 26 años!

E245—De Lavador de Carros a 20 Casas ¡Totalmente Pagas!

E246—De $0 a $2000 USD de PENSIÓN ¡a los 28 años!

E247—Cómo Construí Una Empresa Millonaria Sin Dejar Mi Empleo

E248—El Niño Empresario: Gana $300 USD al mes ¡A los 12 años!

E249—Seis Inmuebles... ¡con el salario mínimo!

E250—De Electricista Inmigrante a Financieramente Libre en 12 meses con Bienes Raíces

E251—Mi Pesadilla al Invertir en Bienes Raíces en Estados Unidos

E252—El Peligro de Comprar en Remates Judiciales

E253—De mesera a 5 inmuebles en 3 años

E254—¿Las Mujeres Invierten Mejor que los Hombres?

E255—Un Inmueble Cada Año Como Empleado Bancario

E256—Inmigrante Sin Dinero Ni Crédito ¡Compra Dos Casas!

E257—De $0 en Colombia, ¡a Inversionista en Europa!

UN INMUEBLE AL AÑO NO HACE DAÑO

Marzo de 2021. Su edición estuvo a cargo de LETRAFRESCA Editorial Virtual, en Tavares, Florida.

info@letrafresca.com
http://www.letrafresca.com

Made in the USA
Coppell, TX
09 November 2022